5

# fünf

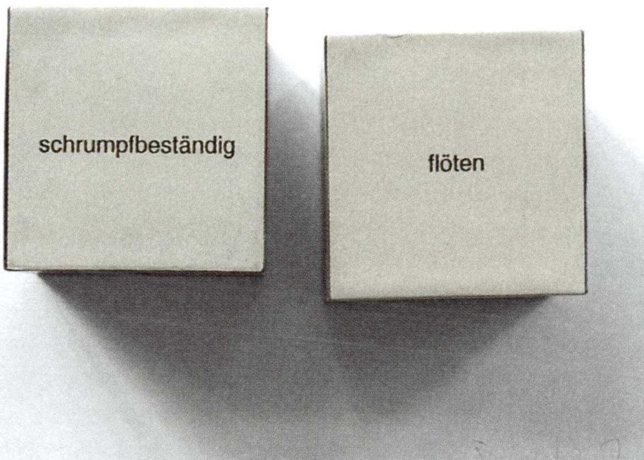

## ① sozusagen eine Geste im Mund



## ② nur das echo galoppiert noch im raum



## ③ Blockbuchstaben und Ausrufezeichen

# Inhalt



5

## ④ ein häßliches Quietschen bei scharfen Wendungen



## ⑤ ein Bussard fror im Gedächtnis ein





## Nachworte

Matthias Reinhold, Betonklötze, 2018,
Collagen mit 10x15cm-Fotos, Street art von
Wolfgang Nieblich, Auf Beton, 2013/15

Mit der **Sprache, die niemand spricht** begann der Höhenflug, besser, der Höhenlauf des Mauerläufer, denn daran erkennt man ihn, den seltenen Gebirgsvogel, dass er senkrecht die Felswand hinaufläuft. Es ging um die Sprache, die niemand sprechen kann, da sie nicht gesprochen wird: Gebärdensprache war das Thema des ersten Heftes im Jahr 2014. **Nun feiert der schräge Vogel sein erstes kleines Jubiläum: er wird fünf.** Und wieder ist Sprache sein Thema, Geste ist Sprache, Sprache ist Geste, Zsuzsanna Gahse bringt es auf den Punkt: sozusagen eine Geste im Mund.

5

Und wie die Hand streicheln kann, so kann das Wort schmeicheln. Und wie die Geste bannen kann, so kann das Wort verdammen. Und wie der Arm schlagen kann, so kann das Wort zum Schlagwort werden.

Das ist der Raum, den der MAUERLÄUFER ausleuchten will: Das Entstehen des Wortes in Kapitel 1 und die Wechselbeziehung zwischen Wort und Mensch.

Im zweiten Kapitel ergreift das Wort die Macht. Wie groß die Angst vor der verfluchenden Macht des Wortes sein kann, war eben heute (März 2018) einmal wieder in der Zeitung zu lesen: Zwei Frauen überzeugten eine ihnen fremde alte Frau, sie von dem auf ihrer Familie lastenden Fluch befreien zu können, wenn sie ihr gesamtes Vermögen in ein besonderes Tuch wickelte. Mit diesem Tuch strichen sie ihr über den Rücken und gaben es zurück, dazu die Anweisung, es vierzehn Tage ungeöffnet unter dem Kopfkissen zu verbergen. Der alten Frau aber kamen Zweifel, sie schaute nach und fand in dem Tuch nur noch Zeitungspapier, Kronenkorken, Lottozettel.

Bannsprüche, Flüche, Gebete betrachtet das zweite Kapitel, wie sie erklingen, verhallen und nur das echo galoppiert noch im raum. Auch der Gebete? Wir wissen nicht, was die alte Frau sich wünschte, noch weniger, wie Wünsche erfüllt werden. Mag sein, einer der Lottozettel war ausgefüllt und eingereicht und knackt noch diese Woche den Jackpot.

Was geschieht, wenn das mächtige Wort mit den Mächtigen kollidiert? Ein Beispiel haben wir vor unserer Haustür. Jan Hus hatte Worte geschrieben, die den Mächtigen nicht passten, 1415 wurde er zum Feuertod verurteilt, er musste auf dem Weg zu seinem Scheiterhaufen in Konstanz an einem Friedhof vorbeigehen, wo seine Bücher bereits brannten. Heine schreibt in seiner Tragödie *Almasor: ‚Dort, wo man Bücher verbrennt, verbrennt man am Ende Menschen…‘*

Im Fall Hus waren die beiden Brandherde sehr nah beisammen.

So ergreift im dritten Kapitel die Macht das Wort, das daherkommt in **Blockbuchstaben und Ausrufungszeichen.**

Auch die Kapitel 4 und 5 kreisen weitgehend um das Wort, wie könnte es anders sein, es ist unser Medium, aber die Gedichte und Geschichten hier sind nicht thematisch gebunden, es geht um wuchernde Gewächse, um Außenseiter und Randständige zwischen den Eckpunkten von Leben und Tod.

Wir wünschen uns, dass die Auseinandersetzung aller unserer Autoren mit dem Wort – regional, radikal, randständig – sich in die Köpfe des Lesers einbrennen wird wie Carmen Kotarskis Bussard im Gedächtnis einfriert.

Christa Ludwig

Ich frage die Mauerläufer: Wie habt Ihr es mit der „Macht der Sprache“? Ich bin neugierig: Welche Antworten geben die Schriftsteller*innen auf diese Frage? Denn wenn du mit Worten umgehen kannst, hast du die Macht. Jochen Kelter macht aus der „Macht der Sprache“ noch leichtfüßig **WortMachtWort** und es geht los. Aus WortMachtWort lässt sich auch GeldMachtGeld machen oder GeldMachtWort. Ich mache **WortMachtBild** und gehe auf die Suche nach den bildschenkenden Künstler*innen, nachdem die Schriftsteller*innen schon ihre Worte geschenkt haben. Großes Dankeschön! Es kam dann nicht nur zu WortMachtBild, sondern auch zu BildMachtBild und BildMachtWort und natürlich zu WortMachtWort und sogar zu **Tell me**! Aber lesen Sie selbst … E.H.

5

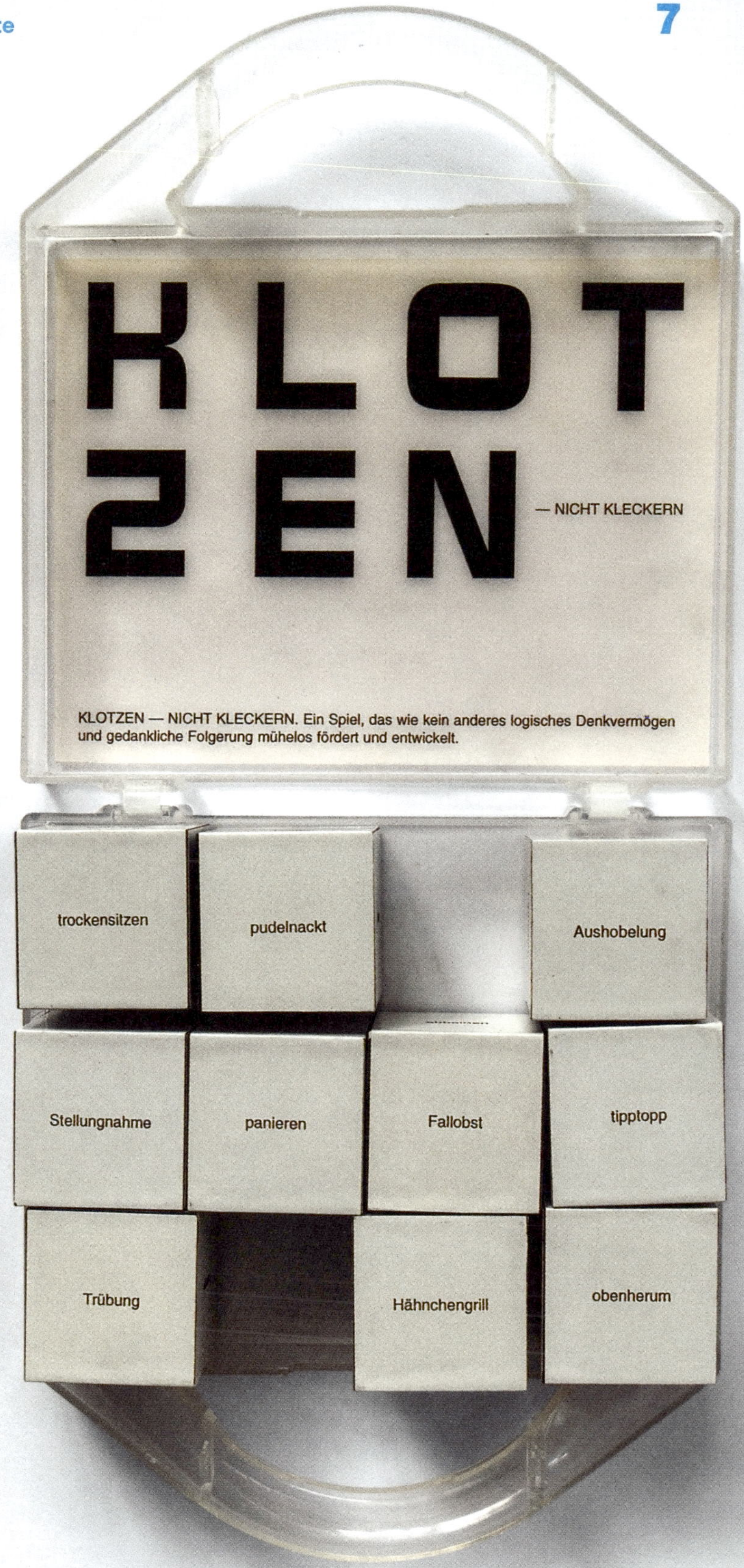


Eva Hocke, Wortkoffer, 1999

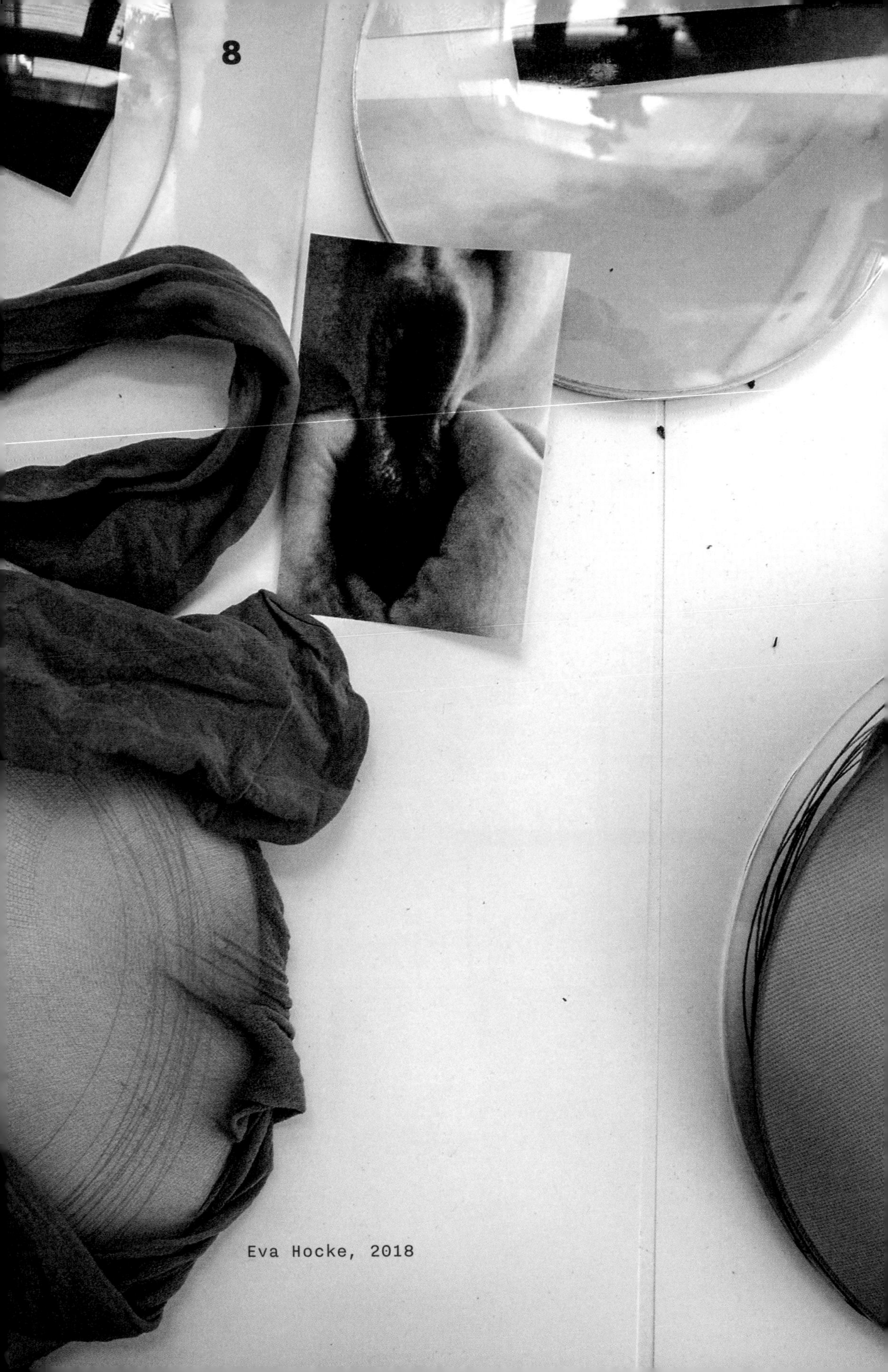

Eva Hocke, 2018

# ① sozusagen eine Geste im Mund

Christoph Elias Meier

# I

Im Anfang bin ich ein Wort. Auf meinem Rücken lebt Alles. Auch Amseln, andere Lagunen und Zitrusbäume. An meinem Kugelbauch brennt fruchtbares Feuer. Es scheint von irgendwo eine Stirn und ich bin grad beim Tiere machen. Aus dickwandigen Schüsseln quillt Grundmasse Gonaden. Es ist ein freudiger Tag. Da will mich etwas drehen. Ich beobachte und raune: Dein Wille ist dein Wille. Was du drehst, das dreht dich auch! Ich will.
Es geschieht dein Wille. Es wird still. Erstaunen. Wieso tun als ob? Das Spiel ist das Spiel ist das Spiel. Du bist der Coach am Spielfeld: Du bestimmst nicht mehr das Geschehen, aber schaust deinen Ideen nach. Was heisst Erkennen? Wo immer etwas vergeht, entsteht etwas. Wo immer sich etwas hindreht, dreht sich etwas anderes weg. Zirr Zirr. Gesetz Gesetz. Endlich. Tor. Die neuen Tiere sind da. Schau, sie kommen aus den Löchern: Es sind Vokunen. Alles Vokunen, wunderbar! Das ist ja ein Nachwuchs voller Hoffnung. Danke.

Antonius Conte,
Ohne Titel (biografische
Studie), 2017, gebrauchte
Produktverpackungen

# II

In der biologisch-dynamischen Landwirtschaft ist es wichtig, dass die Kühe Hörner haben und draussen unter dem Himmel auf dem Boden liegen. Ihre Körperwärme geht in den Untergrund über und erzeugt so Energie für die Kleinlebewesen in der Erde. Ein Wort fliegt um die Erde. Was nun?

# III

**Jedes. Wort. Einzel. Wort.**
**Wort. Einzel. Wort. Jedes.**
**Sein Wort. Wort Sein.**

– – –

# IV

**Dreh ein Wort, dann verschwindet es.**
**Und tanzt durch deine Adern.**
**Was macht ein Gefühl?**

Antonius Conte,
«Blini – das Essen
kommt vor der Kunst»,
2018, Atelier

# V

Trennen hat etwas mit Macht zu tun.
Vereinen hat etwas mit Einheit zu tun.

Man kann es drehen.
Wie man will.
Es wird still.

# VI

**Worte steigen auf,
versinken wieder.
Berührung berührt.**

# VII

Es gibt nichts Schlimmeres für Worte,
als wenn sie zu Exoten gemacht werden.

Antonius Conte,
Ohne Titel Garage,
2018

Niels Zubler

Wie macht man ein Wort?
Aus Silben
Onset, Nucleus, Rhyme.

Tralom

So macht man das.

Dazu eine Bedeutung:

Das Tralom
eine Art Metronom,
aber es schlägt nicht im Takt.

Der Marsch gerät aus den Fugen,
die Soldaten stolpern.
Alles lacht.

Das gibt es doch nicht!
Ja eben.

Aber das Wort Tralom
habe ich gemacht.

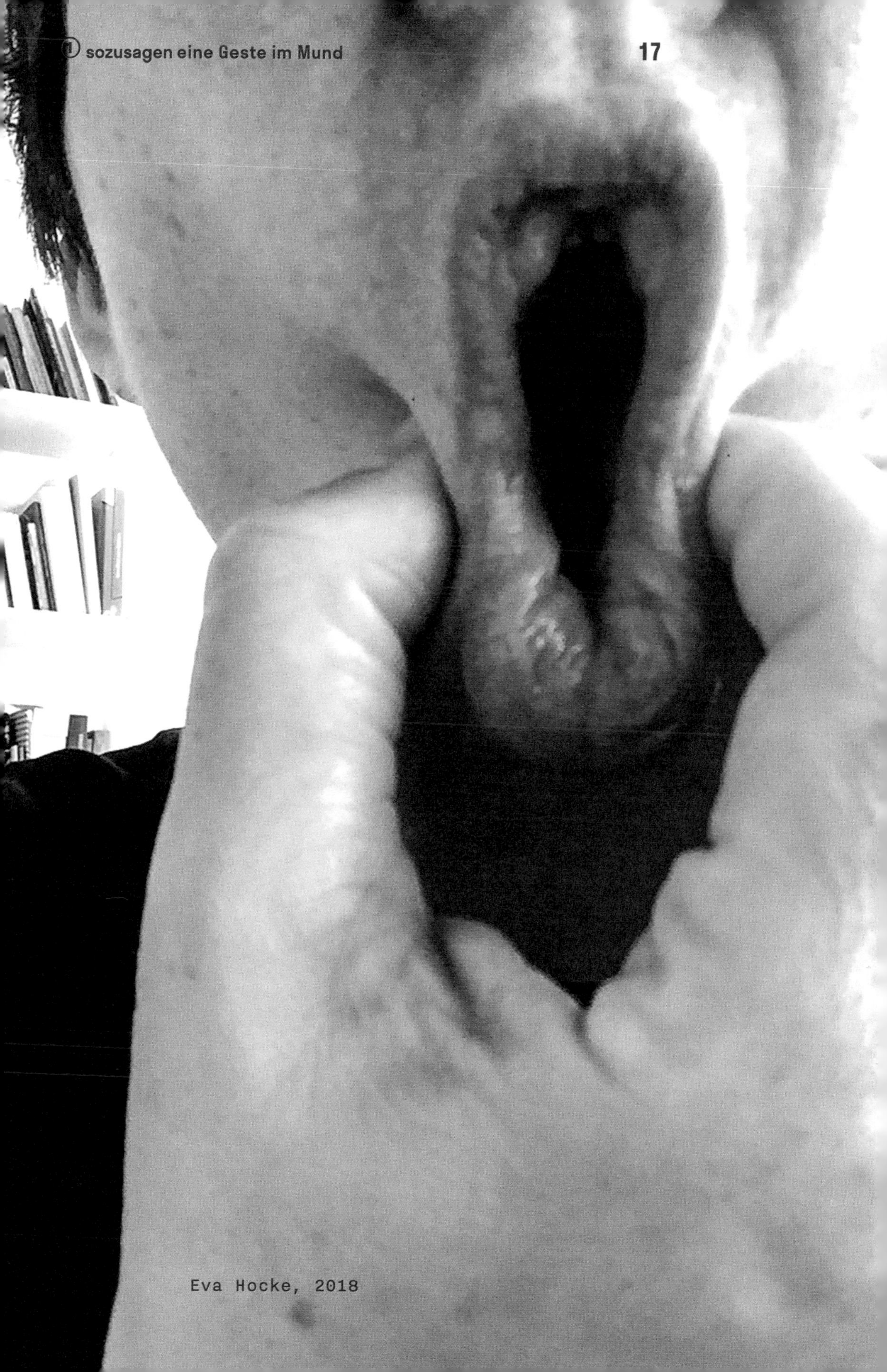

Eva Hocke, 2018

Nataly Hocke, 4½ Tage Ozean, 2012
Villa Rot, Im Spiegel der Erinnerung
Foto: Eva Hocke

Zsuzsanna Gahse

# Drei Skizzen

(Ausschnitte aus einem größeren Projekt)

**Die Sprache hat nur der Mensch, hat nur der Mensch.** Er hat die Fähigkeit zu sprechen, kann sich mitteilen, jederzeit kann er sich mitteilen, und dass er die Sprache hat, dass er sie hat, unterscheidet ihn vom Tier. Dieser Unterschied zwischen ihm und den Tieren, dieser einleuchtende Unterschied hat beruhigende Momente, kurze Phasen der Beruhigung, wobei sich diese Phasen mehr und mehr verkürzen. Manchmal hält die Ruhe nur für Augenblicke an, dann treffen wieder Wissenschaftsberichte ein, die den Unterschied anzweifeln, aber die Fähigkeit, sich mitzuteilen, hat nur der Mensch, und im Laufe der Zeit sind daraus Konsequenzen erwachsen. Die Konsequenzen sind unbestreitbar.

Spätestens an dieser Stelle sollte jemand erwähnen, dass Delphine, Wale, Haie und weitere Meerestiere, die sich unter Wasser auf ihre Weise unterhalten, die gegenseitigen Signale nicht mehr recht wahrnehmen können. Das ist inzwischen bekannt, allgemein bekannt, so dass hier jeder mit einer entsprechenden Erwähnung einspringen könnte. Denn die Signale unter Wasser sind deshalb erschwert wahrnehmbar, weil durch die langzeitigen Konsequenzen unsererseits beträchtliche Geräusche und ein Schallnebel die Rufe unter

Wasser übertönen und verwirren, ohne dass sich die Meerestiere wehren könnten. Sie wehren sich nicht, weil ihnen die Sprache fehlt und vor allem die eigenen Gegenkonsequenzen. Ihnen fehlen die Konsequenzen, sie wehren sich nicht und sind sprachlos.

Im Gegensatz zu ihnen gibt es Vogelarten, die Handymelodien nachsingen, wenn sie diese Töne einige Male gehört haben, aber Vögel gegen Meeressäugetiere oder andere Meerestiere auszuspielen wäre niveaulos. Ganz abgesehen davon, dass ein solcher Vergleich nicht logisch wäre.

Niveau und Level. Das sind Fremdwörter, sozusagen Stotterwörter. Im Augenblick fehlt ein treffendes deutsches Wort. Höhengrad oder Bildungsstand wären unpassend, daher folgt nun eine vorübergehende Sprachlosigkeit, eine Sprachstarre. Ähnlich wie beim Winterschlaf verschiedener Tierarten herrscht in den vorderen Hirnregionen eine Ruhepause, aber die ist gleich, gleich vorbei.

±

Für die sehr junge Nachbarin, die sich in England, im Norden und Süden Amerikas, in Spanien und Frankreich verständigen kann, war es beinahe beklemmend, in Prag, in einer tschechischen Umgebung, nichts zu verstehen. Mehr sagte sie zunächst nicht, aber man könnte ergänzen, dass sie alles Gerede als ein Zwitschern oder Raunen wahrgenommen habe. Als eine Sprachsimulation. Die Leute simulierten Verständigungslaute, könnte man behaupten. Aber es wird kaum jemand annehmen, dass ausgerechnet die Nachbarin mit ihren nord- und südamerikanischen Kenntnissen die Prager wirklich für Simulanten oder Pokerspieler gehalten hätte. Immerhin sah sie schon nach zwei Tagen die Verbindung zwischen dem tschechischen woda und dem englischen water und sprach die beiden Wörter auf eine Weise aus, dass der Zusammenhang, der gleiche Ursprung der Wörter, sogar hörbar war.

Gut, dass es solche Leute gibt. Trotzdem ist an auswärtigen Orten ein Befremden nicht zu vermeiden. Und wenn sich jemand weiter in Richtung Osten begibt, sich im Osten Asiens zu unterhalten versucht, ist von Wasserähnlichkeiten der Wörter nichts mehr zu vernehmen.

Wahrscheinlich spricht jeder nur im eigenen Haus absolut richtig, und kaum entfernt er sich siebzig, achtzig Kilometer vom angestammten Ort, runzeln die Leute die Stirn, wenn er nur den Mund aufmacht. Er sei der Sprache nicht mächtig, sagen sie.

An dieser Stelle wäre es angebracht, von der Körpersprache zu reden.

±

Spricht nicht jeder oder so gut wie jeder, auch mit Händen, Augen, mit dem Rumpf, den Augenbrauen, mit der Stirn und beileibe, beileibe nicht nur mit Wörtern, rief C. (Carlos). Und nur weil er, weil er die meiste Zeit am Schreibtisch zu finden sei, brauche ihm niemand irgendeinen Wörterwahn und eine Wortvernarrtheit unterzujubeln. Ich schon gar nicht, ich sollte es besser wissen. Natürlich habe er eine ständige Nähe zu Wörtern, und manchmal könne er kaum unterscheiden, ob seine Überlegungen und Stimmungen auf deutschen, spanischen oder englischen Wörtern beruhen, was bei seinen Übersetzungen manchmal ein Vorteil sei, aber dieses Gewackel könne ihm ebenso im Weg stehen, jedenfalls sei es für ihn noch am besten, alle sprachlichen Stimmungswelten zu verschlingen, sich endlos viele Wörter und Sätze einzuverleiben. Für seine Übersetzungen, für seinen Kopf überhaupt, sei es am besten, Wörter zu verschlingen. Nur bitte, die Gestik darf dabei auf keinen Fall vernachlässigt werden!

C. lief im Zimmer umher, was an sich schon einer Gebärdensprache gleichkam.

Ob ich mich an den Bauern in Kreta erinnern könne, fragte er. Damals habe er seinerseits höchstens zehn griechische Wörter gekannt und sich mit dem zerknitterten Mann trotzdem eine ganze Weile unterhalten, über das Dach eines Hauses und über einen Touristen, der ihm, dem Griechen, ein Stück Weißbrot schenken wollte.

Schenken. Eine Frechheit. So ein Tourist kommt mit dem Flugzeug an oder mit dem Schiff, nachher taucht er nett in zerrissenen Hosen auf und schenkt ihm, ihm zu Hause, ein Stück griechisches Weißbrot! Das alles hat der Mann verständlich mitteilen können.

Ich weiß, jener alte Mann hatte sogar vom Krieg, von den Faschisten und den faulen Italienern erzählt, und dabei waren bekannte Wörter wie Faschismus und Italien zwar hilfreich, entscheidend waren aber die Gesten.

Ich habe C. kaum antworten können, weil im Augenblick ein Gespräch nicht angesagt war. Stattdessen schickte ich ihm später eine Mail von meinem Schreibtisch zu seinem.

Unter anderem schrieb ich von der Zimmerfrau auf Kreta (im Hotel Zimmermädchen genannt) und erwähnte, dass auch wir als Touristen mit dem Flugzeug angereist waren. Dünkel, Dünkel am Geburtsort von Zeus. Mit der Zimmerfrau hatte ich damals im Sommer nichts als Gesten, aber am Ende hatte sie mir ein Wort beigebracht. Orea. Schön.

Wie C. meine auch ich, dass die Gesten Sprache enthalten und ich meine, dass Sprachen wiederum Gesten enthalten. Wenn jemand stockt, nicht weiterkommt, stumm und stur stehenbleibt und vor lauter Staunen die Orientierung verliert, dann spielt das wiederholte St, St, St in den eben erwähnten Wörtern ständig eine Rolle und ist sozusagen eine Geste im Mund.

Auf der anderen Seite würde ich mit C. auch über die kalkulierten, eventuell sogar arglistigen Gesten reden wollen, um nicht so zu tun, als habe die Körpersprache immer eine spontane, arglose Natürlichkeit. Und wie man Napoleon mit verschränkten Armen leicht nachahmen und damit seine Entschlossenheit darstellen kann, würde ich gerne zusammen mit C. einige derzeit allgemein bekannte Handbewegungen, Armbewegungen oder den vielsagenden Gesichtsausdruck mancher Berühmtheiten imitieren.

Eva Hocke, 2018

Nataly Hocke, 2017

Fabienne Pakleppa

**ein gedicht im see
die blaue tinte zerfließt
ob fische lesen?**

**wortschnuppen heben
zu himmelstrabanten ab
verglühen leise**

**die hand auf die stirn
temperatur messen und
das wort ergreifen**

**mit reisigbesen
worte zusammengekehrt
den müllmann verhext**

**zwischen den zeilen
alles pulver verschossen
nur der mond blutet**

**mit leib und seele
geschrien und geschrieben
blutrote sätze**

Fabienne Pakleppa

# Einfach so

Nach einer Weile verlässt sie die Hollywoodschaukel und setzt sich an den Rand des Pools. Im türkisfarbenen Wasser schwimmen wie ein Schwarm schwarzer Fische schon wieder unzählige Wörter, so schnell, dass sie kein einziges entziffern kann.
Ich könnte, sagt sie, die Angel holen und mir eins von euch herausfischen, wie ich es meistens tue, doch heute fehlt mir die Geduld dazu. So bitte ich euch um Entschuldigung.
Neben ihr liegt ein blauer Blecheimer, den sie kurz ins Wasser tunkt und sofort herauszieht. Zwei oder drei Wörter springen sich frei, die anderen ergeben sich. Vorsichtig leert sie den Eimer. Am Boden bleibt eine Handvoll Wörter, lange und kurze, die sie einfach so auf die warmen Fliesen wirft.
Oh, ein Gedicht, ruft sie und klatscht in die Hände.

Nataly Hocke, 4½ Tage Ozean,
Laserprint, 100x70cm, Semjon
Contemporary Berlin, 2017.

Anne Müllerschön

## der nacht den hof

meine schuhe
sind weiß
und schwarz
mein kleid
mein haar
hat nichts zu bedeuten
in kurz geschnittener zeit

die torheit des mund
toten mundes
in taschen
bei jedem
waschgang dasselbe
lächeln anprobiert

hat nichts zu bedeuten

mein gesicht
hand geschöpft
aus phantomen
haares breit
und beinahe
reißfest

hat nichts zu bedeuten

Anne Müllerschön

Gegen zwölf traf ich S. bei J.F. auf einen Espresso und eine Zigarette auf alten Gartenstühlen. Die Farbe blätterte ab wie Nagellack nach ein paar Tagen. Sie sagte, eine Weile kann man mitschwimmen, aber nur eine Weile. Irgendwann muss man ans Ufer, hörst du, ans Ufer. Und das Schilf, sagte ich. Eine Schimäre, das Schilf, sagte S. Auf dem Rückweg lag eine tote Taube auf der Straße. Eine Schimäre, das Schilf, eine Schimäre.

# mit einem pfau in einem garten

Said

clarissa stand in einer ecke an die wand gelehnt in einem kleid mit spaghettiträgern.
er spielte cello –
sein rasierter schädel lockte.
sie befahl sich:
- das darfst du nicht. du darfst dich nicht in ihn verlieben.
nach dem schlußfurioso verließ er die bühne und stand vor ihr.
er zündete eine zigarette an und steckte sie ihr in den mund.
sie hielt die hände aus dem spiel, zog den rauch ein, blies ihn aus und schaute auf.
- seine augen glühen.
er gab sie ihr nicht in die hand, jedes mal mußte sie sich hinwenden und den mund öffnen.
- seine hände fordern, sein mund schweigt.

nun bemerkt er, daß sie weint, lautlos.
clarissa verspricht, sie wolle in zukunft auch nicht das kleinste bisschen mehr lügen.
eine gleichnissprache, denkt er.
sie wogen untereinander jede silbe ab, damit sie einen leichten klang hatte.
es ist bereits vereinbart, daß sie sich keine briefe schreiben –
auf die weise entstehen immerhin müßig entstellte wahrheiten.
clarissa erinnert sich an den brief seiner exfrau.
er habe kein gedächtnis mehr und fühle sich befreit. ein unbrauchbares mädchen kümmere
sich um ihn. wenn er schlafe, gehe das mädchen im garten mit dem pfau umher und entblöße
die schenkel.
clarissa hat den brief oft gelesen und ist geblieben.
sie liegen nicht im gras wie andere paare, sie sitzen einander gegenüber, aufrecht.
im geheimen gesteht sie sich.
- ich weiß nicht, wohin es führt. irgendwann kommt der punkt, wo ich weich bin wie butter.
sie schaut weg, gleichsam als fürchte sie die eigene zerstörung.
- abends sitze ich in meinem zimmer, ohne licht zu machen. von den straßenlaternen erreicht
ein weicher abglanz mein fenster – der genügt mir.
er schweigt.
- seien sie begnadet an jedem ort eines jeden gottes.

jetzt macht er den mund auf.
- als ich die augen aufschlug, sah ich eine bestie, die hin und her rannte und ihre kette auf dem boden schleifte. manchmal blieb sie stehen und wiegte sich von einer seite zur anderen. als wüßte sie nicht, wen sie gleich anfallen sollte.
clarissa erschrickt nicht. sie weiß längst, er lebt für sich wie ein tier, dessen anwesenheit geduldet wird.
die landschaft ordnet sich um das liebespaar bis zum punkt seiner flucht.
clarissa besänftigt sich und den geliebten.
- wenn wir uns ruhig verhalten, schrecken wir den rhododendron nicht auf.
- man hat mich zu früh aus der kindheit gerissen.
sie antwortet für beide.
- wer von uns überlebt, geht querfeldein und sammelt veilchen für kommende tiere.
- eine quartine für eine spätere jahreszeit?
seine antworten verwirren sie nicht mehr. sie schweigt und wartet, bis er spricht.
- wer hätte gedacht, daß einem wie mir unter diesen bäumen etwas endgültiges geschehen könnte.
die landschaft um das paar trällert vor sich hin an jenem fetten nachmittag.
clarissa geht einen schritt weiter.
- im keller eines hauses sitzt ein mädchen unter der glühbirne und...
er unterbricht sie.
- schreit, bis die straßen selbst schreien.
eine katze betritt den garten und schweigt –
sie zeigt keine angst vor verwandlungen.
geschwind gesteht sich clarissa ein.
- er ist streng, besonders wenn er lieben will –
er sammelt indizien.
ein kalter wind fegt draußen durch die straßen.
sie wärmen sich aneinander.
clarissa stellt eine frage und erwartet mehr wärme.
- sie sprachen einmal von einem nebel, hinter dem ihre jugendjahre verborgen sind.
nun flüstern sie wie zwei, die eine verabredung haben, um die sie fürchten.
sie neigt sich vor, streckt die zunge heraus und schleckt sein ohr ausgiebig ab.
dann steht sie auf und geht zu einem baum.
- seine dunkelheit, so nah und ungreifbar.
clarissa hebt das kleid und reibt das geschlecht an einem baumstamm.
- vielleicht handelt er endlich. vielleicht berührt er auch meinen hintern. vielleicht zeigt er ihn den am gartenzaun vorübergehenden personen –
oder meinetwegen nur dem pfau, dem schweigsamen.

Monika Helfer

# Nicht jede Narbe hat eine Geschichte

**So ist es.** In manchen Fällen muss man Narben im Verbund sehen. „Auch das ist nun wieder fast zweideutig“, hatte der Vater gesagt, als vor längerer Zeit wieder einmal die Rede auf seine Narben gekommen war. „Meine Narben sind eine Narbe, ein Kollektiv von Narben, ein Volk von Narben, das eine Geschichte hat, ein Narrativ. Du weißt, was ich meine, Lenchen?“

„Nein, eigentlich weiß ich es nicht“, hatte die Mutter geantwortet.

„Hast du Interesse daran, dass ich es dir erkläre?“, hatte der Vater gefragt.

Sie hatte Interesse, vorausgesetzt, er würde dann nie wieder darüber sprechen, das versprach er, und also hatte er ausgeholt:

„Schau dir diesen Arm an, den linken“, und er streifte den Ärmel hoch, „ich bin Rechtshänder, weswegen der linke Arm mehr in Mitleidenschaft gezogen wurde als der rechte. Du kannst den Arm studieren, wie ein Archäologe sein Ausgrabungsfeld studiert. Der Arm erzählt vom Untergang eines Volkes. Aber er erzählt auch von einer Hochkultur. Hier, schau, hier war der Anfang, dort, wo die Adern unterhalb des Daumens sich kreuzen, an dieser Stelle habe ich zum ersten Mal gestochen, und eine Zeitlang habe ich immer nur in dieses eine Loch gestochen. Es war mein Glückspunkt. Das war am Beginn. Der Zauber des Anfangs. Alles in mir hat gejauchzt, alles um mich herum war schön und mir zugeneigt, alles hatte einen Sinn, und der Sinn von allem war, dass es *für mich* schön war. Dann entzündete sich der Glückspunkt und musste aufgegeben werden. Ich erkannte, dass das Glück sich nicht auf einen einzigen Punkt konzentrieren lässt. Es will sich ausbreiten. Je weiter die Narben zum Ellbogen hinauf wanderten, desto mehr wurden die Tage zu normalen Tagen, bald war das Leben des Narbenvolkes durch Gesetze geordnet und von Bürokratie abgesichert. Die Schönheit wich der Notwendigkeit. Der Sinn lag in sich selbst und kümmerte sich nicht mehr um mich. Wahrscheinlich hat er sich nie um mich gekümmert, aber ich hatte geglaubt, es sei so. Ich habe gestochen, um zu stechen. Es war notwendig. Es musste gestochen werden, wie der Verkehr geregelt werden muss, sobald Straßen gebaut werden. Und schau hier! Wo die Narben über den Ellbogen hinaus in die Innenseite des Oberarms kriechen, dort gingen die schönen Tage zur Neige, dort begann die Nacht, und die Nacht griff schon sehr bald über auf den ganzen Arm. Erst eroberte sie sich den Ellbogen zurück, dann die Innenseite des Unterarms, schließlich das Handgelenk, auch den ersten Glückspunkt unter dem Ansatz zum Daumen nahm sie in Besitz. Und irgendwann, irgendwann sprach der Herr ein Machtwort, er schickte den Entzug, der wie die Sintflut war, und das Volk starb aus, und übrigblieben nur die Narben. Es hatte eine Zeit gegeben, da erzählte jede einzelne Narbe ihre Geschichte. Diese Geschichten wurden vergessen. Es gibt nur noch eine Geschichte, die Geschichte des Volks der Narben. Sie ist hier auf meinem Arm aufgezeichnet."

„Behalte sie bitte für dich, diese Geschichte", hatte die Mutter gesagt. Damals war Rebecca zehn Jahre alt gewesen und hatte gefragt, warum Papa eigentlich immer langärmelig gehe, auch im Schwimmbad, auch ins Schwimmbecken.

Eva Hocke, Rekonstruktion der Zimmerpflanzen, 2012, Villa Rot, Im Spiegel der Erinnerung

Volker Sieber

# In froher Runde oder *Worte essen Rede auf*

Ich wunderte mich, dass niemandem übel wurde. Als ich die letzte Seite umblätterte, biss ich mir auf die Lippen. *Ich spüre bald, dass das nicht reicht. Ich beginne Endungen zu verschlucken. Nuschele. Bald ganze Wörter. Bilde keine Sätze mehr. Nur noch Fragmente. Doch auch das reicht noch nicht. In Gedanken hole ich mir alte Videos raus. Von Preisverleihungen. Von Reden. Ich lasse sie rückwärtslaufen. Es sieht aus wie Sprechen, aber es ist ein Wortverschlucken. Ich genieße das. Andererseits wundere ich mich, dass niemandem übel wird.*
Als ich alle meine eigenen Wortgebinde aufgegessen hatte, ging es mir besser. Ich beschloss, stumm zu bleiben. *Mir wird leicht, ich erhebe mich, fliege. Höher. Sie kommen mir plötzlich vor wie kleine Polizisten, die sich als Gartenzwerge verkleidet haben. Nur noch zuhören.*
Zuhören war genießen. Die meisten redeten über das, was sie haben oder was sie getan haben. Doch das klang eigenartigerweise so, als würde es ihnen fehlen. Etwas, was sie gern hätten, aber nicht haben, nicht haben können. Selbst, was sie dir wünschten, klang wie etwas, von dem sie nicht wollen, dass du es hast. *Hier ist Vorsicht geboten. Freunde entpuppen sich. Das Wissen darum ist fatal. Jeder Schriftsteller sollte einmal in der Woche Buchstabensuppe essen. Oder in Gitterrätseln seine Wörter verstauen. Eingegossen in Aspik. Was sie dir sagen wollen, ist nur der Ersatz von etwas. Verneinen, ins Gegenteil verkehren, hilft nicht. Nur aufessen, runterschlucken und verdauen. Hüte dich vor Wörtern, die vor- und rückwärts gleich lauten, wie der RETTER. Die sind verschluckresistent.*
Ich freute mich über meine heimlichen Gedanken. Doch die Freude hielt nicht lange an. Ich stand unter Beobachtung. Sie beobachteten mich. Immer wieder, bis sie darauf kamen. Und begannen auch, die Wörter zu verschlucken. *Mir wird heiß, sehr heiß. Ich verliere an Höhe. Sie nehmen mir die Freude.*
Die Schadenfreude. Dafür hätte ich ihnen eigentlich dankbar sein müssen. Doch das wusste ich nicht. Wussten wir nicht. *Wüssten wir es, würde sich ein Lächeln breitmachen können.*

Katrin Seglitz

# „Was kann das Holz dafür, wenn es als Geige erwacht?“

Arthur Rimbaud

## 1

Ich hebe den Kopf. Und höre den Ruf. Leise wie ein Flüstern, ausdauernd wie der Gesang einer Grille, ein Lied, das bis in meine Haarspitzen dringt. Jemand muss den Plattenspieler in Gang gesetzt haben. Ich denke daran, wie Kazumi eine Nagelschere nahm und eine Strähne meiner Haare abschnitt. Sie klebte die Haare sorgfältig auf eine Scheibe aus Schellack, legte sie auf einen Plattenspieler und bearbeitete den Tonarm so, dass er die Struktur der Haare in Töne umwandelte. Die meisten Ausstellungsbesucher hielten sie für eine ganz normale Schallplatte. Aber einige erkannten, dass es sich um Haare handelte.

„Und wie klingen die Haare?“, fragte ein Mann.

Die Frage überraschte mich, weil er so mürrisch aussah, sich aber trotzdem zu dieser Frage aufgerafft hatte.

„Wenn Sie ganz leise sind“, sagte ich, „können Sie die Haare vielleicht hören.“

Er lachte.

„Und“, fragte ich, „wie klingen Ihre Haare?“

„Grau“, sagte der Mann, „wie der Himmel draußen. Aber das ist ja manchmal auch ganz angenehm. Wenn es lange heiß war, tut es gut, wenn sich der Himmel bezieht.“

Sein Gesicht, das sich gerade aufgeheitert hatte, bezog sich wieder.

Nataly Hocke,
4½ Tage Ozean
(Palmenklavier),
Semjon Contemporary
Berlin, 2017

## 2

Er baut Geigen. Aus Klangholz. Nicht jedes Holz eignet sich.
Er erzählte mir von einem, der durch den Wald läuft und an jeden Stamm klopft. Die Stämme, die klingen, schlägt er im Winter. Überall lagert er das Holz, im Schuppen, im Hühnerstall, im Haus, vier bis fünf Jahre.
„Alle Spannungen müssen abgebaut sein", sagte der Geigenbauer.
„Alle Spannungen müssen abgebaut sein?", wiederholte ich und überlegte, ob das auch für den Stoff gilt, aus dem Geschichten sind. Wir greifen nach einem Stück Leben und bearbeiten es, sind Stamm und Holz und bringen es zum Klingen.
Der Geigenbauer holte ein Stück Klangholz, hielt es in der rechten Hand, klopfte daran mit der linken, und tatsächlich klang es, klang schon, klang - schön.
„Ich lagere die Stücke noch mal einige Jahre", sagte er, „in Räumen, die weder zu feucht noch zu trocken sein dürfen.
Jeder Geigenbauer behandelt das Holz auf seine Weise. Ich behandle es mit Salzwasser. Man hat festgestellt, dass Geigen aus dem Holz, das in der Lagune von Venedig lag, besonders gut klingen."
Und er behandelt das Holz mit Musik. Die akustischen Wellen schwappen ums Holz, sie dringen in die Böden und Decken der zukünftigen Geigen.
„Dieser Boden ist ganz besonders schön", sagte der Geigenbauer, „er ist aus bosnischem Ahorn, tief geflammt. Einen Ahornboden wie diesen bekommst du nur selten. Die Jahresringe sind nicht breiter als ein Millimeter. Das Holz muss langsam wachsen, es muss sich Zeit nehmen fürs Wachsen."
Er zeigte auf die Geige, die er gerade baute, er zeigte auf die Schalllöcher in Form eines fs.
„Die Kerben des fs geben die Höhe des Stegs an", sagte er. „Über den Steg werden die Saiten geführt hoch zum Sattel."
Der Steg war geschnitzt, er hatte Stegohren und Stegfüße und in der Mitte ein Herz.
„Und hier ist die Seele", sagte er.
„Die Seele?", wiederholte ich fragend.
„Die Seele ist ein Holzstab", sagte er, "der zwischen Boden und Decke geklemmt wird."

Er führte die Seele durch das f-Loch ein, mit Hilfe einer Pinzette und eines kleinen runden Zahnarztspiegels, und richtete sie auf, zwischen Boden und Decke, in der Nähe des Stegs.
„Je nachdem, wo die Seele steckt", sagte er, „klingt die Geige anders. Die Seele wird übrigens oft aus alten Geigen genommen."
„Ach", sagte ich, „das klingt nach Seelenwanderung."

## 3

Mein Name ist Iris Perswall. Ich bin eine entfernte Verwandte von Parzival. Sie kennen bestimmt die Geschichte vom Gral. Und der Frage. Parzival fragte nicht, als er Anfortas traf. Anfortas war bei einem Kampf verwundet worden. Er konnte weder gehen noch stehen, weder liegen noch sitzen. Er war der Hüter des Grals, aber der Gral half ihm nicht. Er war reich, aber der Reichtum nützte ihm nichts. Er konnte nur erlöst werden, wenn der Richtige kam und das Richtige tat. Und das Richtige war: zu fragen, woran er leidet. Aber Parzival fragte nicht. Er hielt den Mund, weil ihm beigebracht worden war, dass ein Ritter keine unnötigen Fragen stellt. Also fragt Parzival nicht. Was für ein Fehler! Das Versäumnis ist groß. Mehrmals wird ihm gesagt, was er hätte tun müssen. Zu spät.
Das Problem ist, dass man die Burg von Anfortas nicht so leicht findet. Sie kann nur durch Zufall gefunden werden. Als Parzival schließlich doch wieder hinfindet – als die Konstellation der Sterne genauso ist wie bei seinem ersten Besuch - stellt er die erlösende Frage. Und Anfortas ist geheilt.
Die Lektion war so nachhaltig, dass auch ich, Iris Perswall, viele Generationen später, weiß, dass man fragen muss. Dass man in Resonanz gehen muss. Gehen kann. Weil wir einen Klangkörper haben. Wir haben Saiten, die schwingen. Einen Steg mit Ohren und Füßen und Herz. Und mit einer Seele, die aus altem Holz ist.
Wir hören das Lied, das Leid, immer wieder las er Leid statt Lied, ich korrigierte ihn, und doch las er wieder Leid statt Lied. Er kam aus einem Land, in dem Krieg war. Wir hören das Lied, das Leid, es dringt bis in die Haarspitzen der Stille, der Mutter der Töne, der Mutter der Worte.

Christine Koch,
Selbstermächtigung,
Zyklus Mensch Kokon

# nur das echo galoppiert noch im ② raum

# Ein Jan Hus Oratorium von Francisco Obieta über Texte von Ivo Ledergerber

Aus: Verbrennt das Feuer!

## Das Wort zuerst

Das Wort zuerst
Mauerläufer 2018
das macht den Priester
die Predigt
Ornat nicht und nicht Ritual
das Wort das zeigt
das Wort das mahnt
das lehrt und leitet

## Prediger lerne

Weht der Wind
ziehen Wolken
fällt Regen
endet die Dürre
weicht auf die Ackerkrume
regt sich der Keim
schiesst auf
grünt
sieh
so lebt die Erde

Wind
Wort
Regen
Wahrheit
Frucht
Glauben

# Die Gedanken sind frei

Da steht der Denker
nüchtern
scharf
höre

Libri haereticoreum sunt legendi, non comburendi,
quoniam in ipsis veritas continetur

*lesen soll man die Bücher der Haeretiker der*
*Abweichler*
*lernen aus ihnen das Wahre herausfiltern*

wie sonst
soll es denn
zur Klarheit kommen
wenn nicht im Hin-und-Her
des Gesprächs
im Ja und Nein und wieder Ja
im So und Anders

Libri haereticoreum sunt legendi, non comburendi,
quoniam in ipsis veritas continetur

Angst hat vor der Gegenrede
wer
nicht weiss wo er steht
wer
Bücher verbrennt
ist schwach
wer
Menschen verbrennt
gottlos

Libri haereticoreum sunt legendi, non comburendi,
quoniam in ipsis veritas continetur

„Euch geschehe
nach eurem Glauben“
Matth. 9,29

## Damit es geschehe

Der alte Chotabitsch,
ein Märchengin,
ein kleines Männlein
mit langem Bart,
flüstert mir ins Ohr
das Geheimnis des Seins.

Alles ist da,
nur wünsche und glaube.
Du bist der Schöpfer
und das Geschöpfte.
Du bist das Tor,
durch das das
Gewünschte hervortritt.
Dein Glaube ist
dein Werkzeug und
dein Werk.

O! lieber Gott,
seine Worte in
dein linkes Ohr,

damit es geschehe!

Nina Neumann

Christine Koch, Apfelmeisterin,
38x30x20cm, Apfelholz, Detail,
Foto: Frank Müller

Christine Koch, konstellation mai18,
7 Apfelmeisterinnen, 23x60x60 cm, Apfelholz,
Foto: Frank Müller

Sylvia von Keyserling

Bannspruch

Kreuzen sich unsere Wege werf ich dir Eulen nach
trägt der Wind deine Stimme her jag ich ihn
sieben Länder weit
tanzt dein Gesicht mir ums Haus stürz ich's die
Schlucht hinunter
ich will deine Hand nicht ich schlag sie dir ab
ich werf sie ins Feuer

Sylvia von Keyserling

Siehst du das Bild | ein blubbernder
Morast in dem der Fuß versinkt Morast
aus Wörtern Wörtern in dem der Fuß

Kein Schilf im Bild kein Stein kein
Steg kein Grund im Sumpf nicht ein
Wort bietet Halt | tastet die Hand

Kein Strauch kein Ast | nur die Ge-
räusche Blubbern Murmeln Glucksen
nur Wörter Sätze und ein Schwirren

Sirren wie Sumpfinsekten um den
Kopf | siehst du das Kind es steckt
dort fest es steckt im Sumpf es

findet keinen Halt der Fuß rutscht
ab sinkt tiefer ein die Hand greift
Luft nur Luft | kein Stein kein Ast

Kein Steg kein Sand und keine andre
Hand im Bild kein vor und kein zu-
rück | warst du das Kind war ich es

Severin Schwendener

# WortMachtSpiele

Erzählung

Es war einmal ein Wort. Seit langer, langer Zeit versteckte es sich zwischen zwei Buchdeckeln im Regal einer Bibliothek. Vor vielen hundert Jahren hatte ein Mönch dieses Wort zu Papier gebracht, es sorgfältig mit Feder und pechschwarzer Tinte verewigt. Der Mönch hatte geschmunzelt dabei, das Wort erinnert sich seiner noch ganz genau. Ein bärtiger Mann mit gütig in die Welt blickenden Augen, die vom Alter bereits etwas getrübt waren.

Doch der Blick aus diesen Augen war absolut klar, und er hatte erkannt, welche Kraft diesem Wort innewohnte. Deshalb hatte der Mönch das Buch, in welchem das Wort stand, weit hinten im Regal verstaut und „vergessen“, es in den Katalog der Bibliothek einzutragen.

Das Wort hatte sich daran nicht wirklich gestört, denn es liess sich gut leben zwischen den beiden schweren Buchdeckeln. Vor allem sicher, denn die Zeiten waren manchmal ziemlich stürmisch. Der Mönch war irgendwann gegangen, ohne wiederzukehren, einmal war Feuer in die Bibliothek gekommen, dreimal eine plündernde Meute ungebildeter Bauern. Vor noch nicht allzu langer Zeit – aus Sicht des Worts, versteht sich – war die Bibliothek ziemlich heruntergekommen und es war feucht und ungemütlich geworden. Doch das Buch weit hinten im Regal, das unserem Wort ein so gemütliches Zuhause war, hatte alle Wirren der Zeit ziemlich unbeschadet überstanden. Klar, Seiten waren vergilbt, die Tinte ausgebleicht, einige Seiten mit Kritzeleien versehen worden, aber im Grossen und Ganzen war das Wort zufrieden, wie es ihm ergangen war. Besser jedenfalls als vielen seiner Kollegen, die nur wenige Regalmeter entfernt gelebt hatten.

Eines Tages kam ein junger Mann in die Bibliothek. Das Wort lachte, als es ihn sah. Die Kleidung der Menschen hatte sich ziemlich verändert, seit jemand das letzte Mal einen Blick in das Buch geworfen hatte. Der Mann sah aus wie ein Kind, hatte ein glattes Gesicht und einen Ring in der Nase, wie ihn früher nur Ochsen hatten. Aber aus seinen Augen sprühte das gleiche Licht, das die Augen des Mönchs vor langer, langer Zeit hatte erstrahlen lassen.

Dieser helle, wache Blick aus blauen Augen versenkte sich in dem alten Buch, bis er eines Morgens auf das Wort traf. In diesem Moment beschloss das Wort, dass es genug gewartet hatte und die behagliche Welt in seinem Buch verlassen wolte. Es sprang aus dem Buch und bohrte sich durch die Augen des jungen Mannes direkt in seinen Kopf. Dort befand es sich noch, als der Mann die Bibliothek verliess.

Er kam wieder und wieder, nahm das alte Buch und las darin, als wollte er sich vergewissern, dass das Wort, welches nun in seinem Kopf herumgeisterte, wirklich noch da war, in dem Buch. Er versuchte, in der Handschrift des längst verstorbenen Mönchs irgendetwas zu entdecken, was dieses Wort in einen Kontext rücken, es ihm vertieft erklären würde. Aber da war nichts. Der Mönch hatte das Wort nicht erklärt, hatte dem Leser sowohl die Pflicht als auch den Genuss gelassen, eine eigene Bedeutung für dieses Wort zu finden.

Dem Wort gefiel es in der Welt ausserhalb der Bibliothek. Da war es verdammt interessant! Damit es mehr von der Welt sah, verliess das Wort ab und zu den Kopf des jungen Mannes. Es strömte aus seinem Mund, in die Ohren seiner Freunde und setzte sich in deren Köpfen fest. So kam das Wort ganz schön herum! Was das Wort überraschte, war die Tatsache, wie aufgeregt die Menschen reagierten, die mit ihm in Berührung kamen. Sie tuschelten, raunten sich zu, als ob es verboten wäre, dieses Wort überhaupt zu benutzen. Manchmal, wenn andere Menschen in strenger Kleidung auf sie zukamen, verschlossen sie das Wort tief in ihrem Kopf und verbannten es aus ihrem Mund.

Doch es dauerte nie lange, bis die Menschen das Wort wieder hervorholten und es weitergaben. Einer kam schliesslich auf die Idee, es in einen Apparat zu tippen. Das war eine ziemlich merkwürdige Erfahrung für das Wort! Es gelangte in eine Art Buch, das kein Buch aus Papier war, es wurde übersetzt in Nullen und Einsen und erschien dann ganz ohne Tinte als schwarzer Strich vor weissem Licht auf einem Bildschirm. Wenn der gute alte Mönch das hätte sehen können!

Doch kaum war das Wort in Nullen und Einsen transformiert, geschah Ungeheuerliches! Es befand sich sofort auf der ganzen Welt, überall gleichzeitig! In jeder Stadt der Erde quoll es aus den Bildschirmen und setzte sich in die Köpfe vieler Menschen. Das Wort freute sich über die grosse Verbreitung, gleichzeitig verspürte es ein mulmiges Gefühl, denn es erinnerte sich an den Mönch. An den wissenden Ausdruck in seinem Gesicht, als er das Wort im Buch eingeschlossen und weit hinten in der Bibliothek versteckt hatte.

Denn jetzt geschah, was der Mönch vorhergesehen hatte. Menschen kamen und versuchten, das Wort zu löschen. Sie blockierten Datenleitungen, verbrannten Bücher, veranstalteten Prozesse gegen jene Menschen, die gewagt hatten, das Wort laut auszusprechen. Das Wort wurde zu einem Geheimnis, das man nur hinter vorgehaltener Hand weitergab, aber es verstummte nicht. Je mehr man es zu unterdrücken versuchte, desto einfallsreicher wurden die Menschen darin, es weiterzugeben. Sie verabredeten Handzeichen, die das Wort symbolisierten. Sie kritzelten es auf Mauern, jagten es verschlüsselt durch Kupferkabel um den Globus.

Jetzt rächte sich, dass der Mönch das Wort nicht erklärt, ihm nicht den Rahmen einer eindeutigen Erläuterung gegeben hatte. Menschen lasen eine Bedeutung in dieses Wort hinein, die nicht im Sinne des Mönchs war. Der Kampf gegen das Wort wurde immer heftiger, es gab Strassenschlachten, Menschen starben. Das Wort prangte mittlerweile auf grossen Bannern, wurde von demonstrierenden Menschen auf die Strasse getragen. Die Mächtigen verstärkten den Kampf gegen das Wort, sperrten zahlreiche Menschen in Kerker, viele verschwanden spurlos. Das Wort wurde in ein Gesetzbuch geschrieben, in ein Gesetz, das die Benutzung dieses Worts untersagte. Das Wort war sich sicher, dass niemandem die Ironie dieser Situation auffiel, überhaupt war es niemandem mehr zum Lachen zumute. Aus den Demonstrationen wurden Scharmützel, aus den Scharmützeln Aufstände, aus den Aufständen Bürgerkrieg. Der junge Mann mit den blauen Augen starb als einer der ersten. Dem Wort waren Taten gefolgt.

Vier Jahre dauerte das Morden, es verloren alle. Manche mehr, manche weniger. Als der Krieg vorüber war, triumphierte einzig das Wort. Die Menschen gaben sich eine neue Verfassung, das Wort kam ganz an den Anfang. Es bildete das Fundament der Gesellschaft, die nun langsam auf den Trümmern der alten aufgebaut wurde. Jahrzehntelang bildete das Wort eine Art Leitstern am Firmament der Menschen, bis der Alltag begann, es abzunutzen, seine Ecken und Kanten plan zu schleifen. Abhandlungen wurden geschrieben, Interpretationshilfen, juristische Gutachten. Rechtsanwälte bogen das Wort, Richter deuteten es, Verurteilte verfluchten es. Mit der Zeit legte sich Staub auf das Wort, es begann zur Selbstverständlichkeit zu werden und nach muffiger Geschichte zu riechen, die Menschen nahmen das Wort als gegeben hin und vergaßen, was es einst ausgelöst hatte. So langsam kehrte für das Wort die gute alte Zeit zurück: es durfte zwischen Buchdeckeln wohlig warm in Bibliotheken ein friedliches Dasein fristen.

Lange nach diesen turbulenten Zeiten kam eine junge Frau in die Bibliothek des Klosters. Sie hatte Geschichte studiert, ihr Leben, das voller Zukunft war, der Vergangenheit gewidmet. Jahre hatte sie zugebracht, die Herkunft dieses einen Worts zu ergründen. Die Spur war kalt nach so langer Zeit, aber Geduld und Ausdauer der jungen Frau mindestens so gross wie ihr Verstand scharf. Sie fand das alte Kloster, setzte ihren Fuss auf den uralten Holzboden, der bei jedem ihrer Schritte knarrte. Und sie fand das Buch. Schlug es auf, fand die Seite mit dem Wort. Fand das Original.

Die Freude, die sich auf ihrem Gesicht zeigte, war unbeschreiblich. Ein Strahlen, das die gesamte Bibliothek erhellte. Vielleicht, das Wort war sich nicht ganz sicher, denn es war wirklich schon eine Weile her, vielleicht war es das gleiche Strahlen, das jener alte Mönch auf seinem Gesicht gehabt hatte, als er das Wort zu Papier gebracht hatte.

Jetzt endlich hatte sie alles zusammen, war ihre Dissertation nach langer Arbeit vollständig. Voller Eifer und Begeisterung nahm die junge Frau einen Block mit blankem, weissem Papier und begann, furchtbar altmodisch, mit Bleistift darauf herumzukritzeln. Hier, in dieser erhabenen Bibliothek, wollte sie ihrer Arbeit einen würdigen Titel geben.

„Wird das Wort zur Macht, oder macht die Macht das Wort?“ schrieb sie in schwungvoll geneigten Buchstaben aufs Papier, ziemlich stolz auf ihr kleines Wortspiel. Als sie den Punkt unter das Fragezeichen malte, war ihr, als würde die Bibliothek von einem unheimlichen Gelächter erfüllt, das direkt aus dem alten Buch vor ihr zu kommen schien.

Sonja Röder

## Der Sprach Macht Wissen Schafft Punkt

# 5 HTT Gen

über kurz oder lang

ist alles entscheidend

wie viel Serotonin man so hat

(gegen den Schmerz)

früher sagte man

**Glück … ..**

**.**

**ksbringer**

2003

Sonja Röder

Über
Kreuz
Wort
rätsel: Sagt der Eine zur Andern: Anderes Wort für Glücksbringer, neun Buchstaben:
Is dat nich dat Zerohtonin?
Dat ist mang
Unpassend in jeder Hinsicht -
Sach jetzkt bloß nicht, wie heißen die, nicht Taliban,
Verzeihng, ich mein im Englisch Talismän,
sorry,
ich mein Talisman, aber dat passt net, da is einer zu wenig
tschuldige, vielleicht Talismann, ein Buchstabe meine ich, oder, Glücksbringer,
he Mann, Glücksbringer
Immer besser
im Blural,
vielleicht meinten die die Talismane.
Ach ne, sags lieber in auf Deutsch,
sach ma, [zählt an den Fingern ab] 1 2 3 4 5 6 7 8 9,
sind doch alle Neune
schreib deutsch S - E - R - O - t - o - n- i - n hin
dann hastes.
Shit, worum bin ich da nicht selbst da drauf gekommen.
Schats, Du hättst halt bei die Enzymen besser aufpassemüsse
Nicht nur bei der Hormontechnologie.
Aba jetzt, heiligs Blechle, über dem, wo da jetzt das E steht,
da wollns jetzt einen schwarzen Vogel, das ist,
da muss ne Amsöl, natürlich mit oe, rein, glaubisch,
jedenfalls ist dann das E ein A und das A und O von drüber
und das... und das... Jedenfalls passts da nicht, das mit dem Se-roh-toh-nihn!
Schätsi, jetzt gib di mit dem ewigen Rätzeln, immer muss ich bügeln
Und datich als Mann!
Vielleicht ist die Amsel ja eine Krähe, schwarz auf weiß,
hat auch sechs Brüste.
Brüste? - Ja, wat sachisch, Brüste, natürlich.
Buchstaben mein ich.
Sechs Buchstaben.
Nö, Schatz, Du hast kein Plan, bei mir fängt der schwarze Vogel
Hier doch nich mit K an!
Da wo dat E von Serotonin ist, brauch ich ein A.
Wat solls, dann hol Dir bei den Glücksermittlern
halt doch die Talibane ins Haus,
Hauptsachspasst.
Eben nicht sind doch.
Acht, nix zu machen.
Schreibs mit ie oder ah, ganz wie dir danach willst.

2011

Christine Koch,
Selbstermächtigung,
Zyklus Mensch Kokon

Matthias Reinhold, Betonklötze, 2018, Collagen mit 10x15cm-Fotos, Street art von Wolfgang Nieblich, Auf Beton, 2013/15

Jürgen Weing

# ackerland

ich kenne sie schon lange. wie lange kann ich nicht sagen, es ist ungefähr so lange wie man eine straßenbeleuchtung kennt. man weiß voneinander, mehr nicht. sie hat braune haare und leuchtet nicht mehr. um den mund ist streitlust verteilt. und trotzdem bin ich gerne in ihrer nähe, nur um fasziniert zu erleben, wie sie in wenigen sätzen tiefe scharfkantige gräben zwischen sich und andere menschen ziehen kann. anschließend der versuch einer notfallfreundlichkeit, natürlich verkrampft und für einen moment rückzug der attacken, aber nur so lange, bis sich die pferde ihrer angriffslustigen krieger ausgeruht haben. ihre worte sind kalt und ohne süßstoff, während die anderen noch ihre türen weit geöffnet halten, damit man sich austauschen kann, fruchtbares miteinander ermöglichen, ackerland, das eine wort dem nächsten folgen lassen und die wangen links und rechts hinhalten, damit jeder sieht, man ist freundlich und verletzbar. all das spürt sie genau, die weichen sensiblen stellen, in die sie mit einem einzigen wort eindringen könnte. ich sage, dass ich diesen feinen spürsinn an ihr bewundere, aber sie sagt, dass sie von mir keine bewunderung brauche und ich besser im licht einer straßenbeleuchtung aufgehoben wäre, denn es wäre doch schade, wenn mich ihre krieger in meinem intellektuellen dunkel ansprechen müssten. mehr wüsste sie mir nicht zu sagen. nur das echo galoppiert noch im raum.

Peter Blickle

# Gehen Alche, Arlorn.

Als sie noch im selben Zimmer schliefen, mussten sie, denn der Herr JEsus sah alles, ihre Sachen ordentlich auf den Stuhl legen. Außerdem sollten die Leute, falls der Herr JEsus sie in der Nacht zu sich in den Himmel heimholte, nicht sagen, sie wären unordentlich gewesen. Wenn es dunkel war, lauschte er hinüber. Atmete sie noch? Hatte der Herr JEsus sie schon geholt?

Holte ER einen im Schlaf, dann hieß es, man sei entschlafen. Eingegangen in den Himmel, wo ER zur Rechten GOttes, des ALlmächtigen, des SCchöpfers des Himmels und der Erde saß. Dort hinauf nahm ER einen. Eigentlich nahm ER nur das Atmen mit. Alles andere blieb zurück. Die körperliche Hülle blieb im Bett liegen. Deshalb konnte Miriam da liegen und schon entschlafen sein. Sie atmete so leise. Und das Heben und Senken ihres Brustkorbes konnte er unter der Bettdecke unter der dunklen Dachschräge nicht erkennen.

„Müde bin ich, Gehzuruh, mach die müden Äuglein zu." Er stockte manchmal, denn zum Gehzuruh wollte er eigentlich nicht beten. Das war eine Sünde. Aber die Eltern beteten es vor. Also war es keine Sünde. Johannes und Miriam stellten sich Gehzuruh als einen Verwandten von Rübezahl vor: ein Riese mit Bart, der bis auf die Erde hinunterreichte. „Müde bin ich, Gehzuruh."

Miriam sagte: „Gehen Alche."

„Was soll das heißen?"

„Ich weiß nicht. Aber mir gefällt es."

Er sprach die Worte nach. „Gehen Alche." Das klang weich. Das klang angenehm. Er sagte: „Arlorn."

Das sagten sie, wenn sie abends noch wach im Bett lagen und das Licht aus war: „Gehen Alche." „Arlorn." „Ja, Arlorn." „Ja, Alche."

Arlorn war der Edelsteinschmuck, den Gehzuruh im Bart trug. Gehen Alche war das silberne Moos, das im Paradies von den Bäumen hing.

Sie hob den Unterarm an die Nase und sagte: „Der Fleck in meiner Haut riecht komisch." „Wie?" „Wie ein Regenwurm." „Gut oder schlecht?" „Das kommt darauf an. Willst du einmal riechen." „Pfui Teufel. Wer weiß, wo der schon überall rumgekommen ist."

Johannes und Miriam.

„Müde bin ich, Gehzuruh, mach die müden Äuglein zu. VAter, lass die Augen dein über meinem Bette sein. Hab ich Unrecht heut getan, sieh es, lieber GOtt, nicht an. Mache DU durch CHristi Blut allen meinen Schaden gut."

Das musste auch eine der Möglichkeiten sein. Auch das. Dass mit Blut alles wieder gut gemacht werden konnte.

„Und wenn der Engel Gabriel kommt und uns mitnimmt?" Der Engel Gabriel hatte lange Haare und ein langes Schwert. Johannes sagte: „Er ist eine Frau.“ Miriam sagte: „Er ist ein Mann. Sonst würde er Gabriele heißen, und ein Schwert hätte er auch nicht.“ „Quatsch mit Soße und dreimal draufgeschissen.“

„Und wie stellst du dir das Entschlafen vor?“ „Ich weiß nicht. Wie das Einschlafen.“ „Oder wie auf einem Schlitten. Man schläft bis ans Ende. Dann kommt eine Mauer und das Gottesfeld.“ Endschlafen. So hieß das für ihn in der Nacht, wenn das Licht aus war. Miriam schlug die Decke zurück und stand noch einmal auf. Sie stellte die Hausschuhe noch ordentlicher vors Bett. Das konnte sie in der Dunkelheit. Sie hatte Übung.

Der Vater kitzelte die Schwester durch. So nannten der Vater und Johannes das: „Jetzt wird sie durchgekitzelt.“ Manchmal half Johannes dem Vater. Dann kitzelten sie ihr den Bauch, bis Miriam vor Lachen Tränen weinte. Das war lustig. Miriam gefiel es, durchgekitzelt zu werden. Sie sagte: „Ich kann gar nicht mehr vor lauter Lachen.“ Sie keuchte, sie schluckte, sie wischte sich Tränen aus den Augen und holte immer wieder Luft. Laut. Keuchend. Atmen musste sie. Sich wiederfinden nach all dem Lachen musste sie. Ihre Augen leuchteten, und sie schaute den Vater und sie schaute Johannes an. Das war Nähe. Was sich liebte, das neckte sich. Nicht, dass er, Johannes, so hätte geneckt werden wollen. Er wollte von nichts und von niemand gekitzelt werden. Er hätte sich gewehrt, wenn das jemand bei ihm versucht hätte. Er hätte sich stark gemacht. Er hätte um sich geschlagen, wenn es nötig gewesen wäre. Aber er war er, und Miriam war Miriam. Necken zerriss Grenzen. Schaffte ein neues Wir. Im Kitzeln. Im Lachen. Und dass da auch ein bisschen Muskelkraft mit im Spiel sein durfte, machte alles noch schöner. Es gab eine andere Macht, die auch zur Macht der Liebe gehörte. Gewalt. Lachen. Nachdem sie durchgekitzelt worden war, waren alle zufrieden. Das Lachen war ein Glück der Kindheit.

Alle Mädchen im Dorf wurden durchgekitzelt. Die Kindergesichter lachten gern. Es war eine Freude, die ER, DEr alles geschaffen hatte, seinen Kindern schenkte. Auch dieses Lachen lag in SEinem unergründlichen Ratschluss.

Wenn sie Miriam durchkitzelten, verzog sich ihr Gesicht, verzog sich ihr Mund. Da ging ihr ihr Gesicht verloren. Und der Körper zitterte. Sie verlor sich in diesem Durchgekitzeltwerden. Sie wurde immer wieder neu. Es war ein Geschenk, vom Vater und vom Bruder, an sie. Sie hatten sie gern. Das zeigten sie ihr. Indem sie sie lachen ließen. „Jetzt bist du dran, du kleine Kröte.“ Und dann war sie dran. Sie tat, als wolle sie weglaufen. Aber das half ihr nicht. Sie wurde gefangen. Sie wurde festgehalten. Die Fingerspitzen wurden lebendig auf ihrem Bauch, auf ihrem Rücken, an ihren Nieren. Und sie wand sich. Sie wollte sich befreien. Aber sie durfte sich nicht befreien. Sie durfte lachen. Immer weiter durfte sie lachen. Nichts als lachen. Und weiter.

Sie nannten einander „Bubbu“ und „Bibbi“, „Uhu“ und „Uhi“, „Auflauf“ und „Nudel“. Bruder und Schwester, Mann und Frau. Eine seltsame Helle war in Miriam. Das spürte er. Sie war stärker als die Welt. Sie lebte in einer eigenen Welt. Nur dass aus dieser Welt das Gekitzeltwerden nie verschwunden war.

Miriam blieb in einer anderen Welt, in einer anderen Liebe. Sie blieb in der Welt der Seelenliebe, der Wortliebe, der Rätselliebe, der körperlosen Liebe. Sie und er. Das Wir von morgen. Gekitzelt. Gespiegelt. Gespielt. Ineinander und durcheinander. Die Welten. Ihre und seine.

Gemeinsam sagten sie: „Ich glaube, dass mich GOtt geschaffen hat; dazu Kleider und Schuh, Essen und Trinken, Haus und Hof, Weib und Kind, Acker, Vieh und alle Güter. Das ist gewisslich wahr."

Sie wuchsen in einer Zeit auf, die glaubte, wenn man alle Nebenflüsse des Neckars auswendig aufsagen konnte, bekäme man eine Eins, die glaubte, wer eine Eins bekam, war sehr gut, die glaubte, darauf könne man sich verlassen und auch darauf, dass wer eine Eins bekam, sich nicht mit dem Messer in die Unterarme schnitt.

Miriam versteckte die roten Linien unter langen Ärmeln. „Wenn es weh tut, tut es gut", sagte sie.

Im Beten gaben sie sich hin. Wenn sie beteten, waren sie eins. Im Beten wurden sie sich fremd. Im Beten gingen sie auf. Sie hörten sich. Sie spürten ihren Atem. Sie hörten ihre Worte. Sie erfuhren IHn, den VAter, den SOhn und den HEiligen Geist. ER fühlte sich seltsam an. Wie etwas, was sie gegessen hatten. ER war in ihnen. Drei war drei und drei war eins. Diese Rechenaufgabe löste jedes Kind im Dorf. Mühelos.

Alles war möglich. Alles stand in SEinem unergründlichen Ratschluss.

Der HErr wollte nicht, dass sie Schokoladetafeln und Gummibären aßen. Wenn Johannes und Miriam etwas wollten, was dem HErrn nicht gefiel, war der Feind in ihnen. Der musste bekämpft werden. *Wer vom Teufel frei ist, dem widerstreben die Gebote des HErrn nicht*. So sprachen der Vater und die Mutter, die wussten, was dem HErrn gefiel. Immer.

Der HErr führte. ER liebte. Deshalb fügte ER Schmerzen zu. Schmerzen waren Prüfungen. GOtt schuf den Schmerz. Und ER sah, dass es gut war. Der Schmerz war Führung. Wenn es nicht wehtat, war es eine Führung des Teufels. „Wenn du das noch einmal machst, musst du eine Tafel Schokolade essen!" Das war die Strafe des Teufels. Man musste etwas verlieren, damit die Lektion vom HErrn kam. Man musste seine Schmerzensfreiheit verlieren, damit man GOtt spürte. Wer IHn erfuhr, war gesegnet.

Er sagte: „Rems, Murr, Steinbach, Lein, Enz, Kocher, Jagst."

Sie sagte: „Ich will gar nicht wissen, wie viele du vergessen hast."

Er sagte: „Wenn du den Zipfelbach meinst, den hab' ich mit Absicht weggelassen."

Da lachte sie. Und er spürte das Lachen. Es war hell. Es war gut. Es war ein Geschenk. So lange sie lachte, schnitt sie sich nicht. So lange sie sich nicht schnitt, spürte er es nicht, wie sie sich schnitt. Er wollte weg von ihren Schmerzen. Von ihren Schmerzen, die sie sich selbst zufügte.

Matthias Reinhold, Betonklötze, 2018, Collagen mit 10x15cm-Fotos, Street art von Wolfgang Nieblich, Auf Beton, 2013/15

Matthias Reinhold, Betonklötze, 2018, Collagen mit 10x15cm-Fotos, Street art von Wolfgang Nieblich, Auf Beton, 2013/15

Marlies Birkle

## schönreden

schwappen über fest
tafeln klappen zusammen
fallen kellner und teller
und gäste kippen
aus dem fenster die
damen nippen am schwarz
wasser schunkeln
die lichter
ertrinken und fische
treiben die sterne
der stürzenden brücke zu

## stimmlos

immerzu fielen steine
vom himmel
stets war man am verschwinden
besonders an den abenden
wenn armselige sommer
vor den fenstern trockneten
hoffte man bei kannen
klappern und türen
scheppern einmal
ein einziges mal nur
ein stern zu werden
bevor man in den tiefen
des hofes versank

## frühjahr

unter gläsernen dächern
fuhren lichtschiffe und
sonnen segelten durch
mein haar unterm
saum meines rockes
sammelten sich die worte
gingen klammheimlich
mit mir spazieren

Jutta Weber-Bock

# Spiegelbild — nicht seitenverkehrt

Tannennadeln federten unter ihren Schritten. Von Zeit zu Zeit blieb sie stehen und lauschte, verkroch sich in ihre Allwetterjacke und wischte Regentropfen von der Nase. An ihrer Seite sah sie ein Gesicht, das starr geradeaus schaute. *Lauf weiter, es wird besser.* Eines dieser Versprechen, die sich nie erfüllten. Der Kopf wanderte mit ihr. Spiegel und ihre Bilder waren zerbrechlich. Man durfte sie nicht stören. Hinter den verwachsenen Eichen am Rande des Hohlwegs lauerten die Worte der Mutter.

„Wenn du nur drei Stunden Schule hast“, sagt Mama, „kannst ja du Papa wieder sein Essen bringen. Er schiebt Überstunden, dabei ist Samstag. Halt ihn aber nicht auf, sonst wird es spät und er mäht heute keinen Rasen mehr. Nun lauf, dann bist du aus dem Weg. Aber stolpere mir nicht. Was soll ich um elf auch schon mit dir anfangen. Wer sich den Stundenplan ausgedacht hat, gehört bestraft.“

Mama drückt mir den Henkelmann in die Hand.

„Damit du es weißt: Heute Mittag wird nicht gelesen, du trocknest ab. Für Schularbeiten ist später Zeit. Stör Papa bloß nicht bei der Arbeit, nicht, dass er Ärger kriegt! Wir brauchen die Überstunden.“ Mama klopft den Teppich aus.

Auf dem Höhenkamm krallte eine Steinbuche ihre Wurzeln in den Hang wie die Mutter beim Vater. Ein von weißen Adern durchzogener ovaler Stein ruhte in einer Astgabel. Jemand war vor ihr da gewesen. *Immer ist einer vor dir da.* Bäume zählten die Jahre in Ringen, nicht in Sonnenaufgängen. Im Tal schwoll das Murmeln des Zwickenbachs an. Wie die Worte der Mutter Tag für Tag.

„Es wird nicht gelesen, hab ich gesagt.“ Mama knallt die Tür zur Küche zu.

„Lass sie doch! Davon kriegt man nie genug. Nur von dir!“

„Sie muss lernen, wie man einen Haushalt führt. Wenn sie verheiratet ist, wird sie nicht satt von den blöden Büchern!“

„Bücher sind nicht blöd!“, schreit mein Vater und springt auf.

Aus dem Tal rätschte der Eichelhäher. *Steinkreuz* las sie. Pfeile mit Nummern zeigten in alle Richtungen. *Bleib immer auf dem rechten Weg.* War nicht damals das Schild am Baum festgenagelt? Es regnete nicht mehr. Die Luft dampfte. Ihr Spiegelbild wackelte. *Bücher sind der Schlüssel zum Überleben*, sagte der Vater schon früh in seinem belehrenden Ton, wieder und immer wieder. Die Mutter durfte nichts davon wissen.

Eine schwarze Wand hängt über den Hausdächern. „Beeil dich, es gibt Gewitter“, hat Mama gesagt. Die Luft drückt mich zu Boden. Die ersten

Matthias Reinhold, Betonklötze, 2018,
Collagen mit 10x15cm-Fotos, Street art von
Wolfgang Nieblich, Auf Beton, 2013/15

Tropfen klatschen auf das Pflaster. Meine Beine sind so schwer, dass ich nicht rennen kann. Klitschnass taumele ich in die Einfahrt zur Druckerei und drücke mich an die Rotbuchenhecke, damit ein Kleinlaster vorbeikommt. Wenn ich verletzt bin, muss Mama lieb zu mir sein und mich verwöhnen.

„Aber Kind!“, ruft Frau Cieslack. „Nimm schnell und rubbel dich ab, vor allem die Haare. Zieh die Bluse aus. Den Rock auch. Ich hänge sie in den Heizraum. Zieh den Kittel an. Pass aber auf, dass dich der Chef nicht gleich einstellt!“

An der Verladerampe hupt ein Wagen mit hungrigen Türen.

Als ich den Kopf unter dem Handtuch hervorstrecke, grinst mich mein Vater an. „Na, da hat es dich aber erwischt!“ Er streicht mir die nassen Haare aus dem Gesicht. „Steht dir gut, der weiße Kittel. Kannst bei uns bleiben.“

Wir gehen einen Gang entlang. Aus einem Büro nickt uns der alte Chef zu, den kenne ich. Als ich klein war, hat er mich auf seiner Dogge reiten lassen. Arbeiten aber will ich niemals für ihn. Heiraten will ich auch nie. Nur Mama will das.

Blitz und Donner schob sie wie die Wünsche der Mutter beiseite und ging um den Stamm der Buche herum. Auf der anderen Seite roch das Holz versengt, oben war es gespalten. Sie tastete und kratzte Moos weg. *Du musst deinen Kopf ausfegen*. Das Bild im Spiegel stand kopf wie die Mutter. Aber an der Hand des Vaters stolperte sie nicht mehr.

Im Henkelmann sind Bratkartoffeln. Samstagsessen. Mit Sülze. Für mich gibt es Spiegelei. Mein Vater legt die Sülze auf einen Teller und stellt die Kartoffeln in einen Topf mit heißem Wasser. Mir gießt er Milch in ein Glas.

„Trink“, sagt er. „Nachher essen wir zusammen. Du brauchst was Ordentliches.“

Er stößt eine Schwingtür auf, wie in einem Western. Eine Halle mit Tischen, auf denen Kästen mit vielen kleinen Fächern stehen. „Die Setzerei. Da sind die Druckstöcke.“ Er zeigt auf die viereckigen Rahmen und öffnet eine schwere Tür mit einer Glasscheibe. Zwei Ungetüme mit Tastaturen wie an der Schreibmaschine von Frau Cieslack. Das eine klappert und zischt, schlägt Luftmaschen. Ich halte mir die Ohren zu. Hebel gehen unentwegt rauf und runter. Räder drehen sich, sausen durch die Luft, nur gehalten von dünnen Riemen. Es riecht brenzlig. An der Maschine sitzt ein Mann mit wirren Haaren. Seine Finger fliegen über die Tasten.

Mein Vater bleibt mit mir an der Tür stehen. Plötzlich schwenkt der Mann auf dem Drehstuhl herum. „Deine Tochter. Ich seh schon. Wurde Zeit, dass sie mal reinkommt und du ihr alles zeigst.“

„Mein Kollege, Manfred Busch, ich hab dir von ihm erzählt.“

Ich gebe ihm die Hand. Er zieht an meinem Kittel und lacht, flattert mit den Armen. Ich trete lieber einen Schritt zurück.

„Sein Sohn ist so alt wie du, aber ihr kennt euch nicht. Markus geht aufs Gymnasium. Aber deine Mutter wollte das ja nicht.“ Mein Vater seufzt. „Das ist meine Maschine." Er zeigt auf das andere Ungetüm. „Niemand außer mir darf daran arbeiten. Ich bin verantwortlich." Er schiebt mich auf seinen Drehstuhl. „Drück mal das große ‚M', rechts auf der Tastatur."

Klack. Etwas Gelbes fällt herunter und landet in einer Art Käfig.

„Die Matrize. Im Sammler. Jetzt das kleine ‚a'! Da ganz links."

Klack. Ich drücke ‚r' und ‚i'. Klick, klick, raschelt es. Das hört sich fast so an wie bei Herrn Busch. Ein feines Geräusch. So leicht.

„Da oben fallen sie raus. Aus dem Magazin. Noch ein ‚a'." Klack. „Hast du gesehen?"

Ich nicke und denke: Maria. So heiße ich, wie Mama.

„Maria", sagt mein Vater. „Den Namen habe ich dir gegeben." Er greift um mich herum und drückt einen Hebel.

Mein Name fährt in die Höhe und verschwindet. „Die Matrize wird jetzt ausgegossen. Schau, da ist das Blei." Er rührt mit einem eckigen Löffel in einer dünnen silbrigschimmernden Flüssigkeit. Arme fahren rauf und runter. Es klackert und klappert und sirrt. Nichts verhakt sich an der Maschine meines Vaters.

Da war die Höhlung. Darin musste sein, was sie vor der Mutter versteckt hatte. Licht schimmerte durch das hellgrüne Blätterdach. Sie zupfte an einem Buchenblatt. Ganz weich, noch jung und mit einem zarten Flaum behaftet. Es roch wie grüner Salat vor dem Waschen. Sie pflückte ein paar Schlüsselblumen. Wie früher. Himmelsschlüssel. Das Wort kroch durch die Ärmel ihrer Jacke. *Hörst du die Melodie?* Der Spiegel beschlug. Endlich nahm sie den Weg zu seiner Rückseite und kämpfte sich durch das Totholz wie ihr Vater.

„Jetzt wird aufgeräumt. Die Buchstabenmatrizen kommen zurück an ihren Platz", sagt mein Vater. „So wie du dein Zimmer aufräumst. Nur geht es hier schneller." Er lacht und gibt mir eine dünne graue Tafel, die aus einem Schlitz gefallen ist. „Lies!"

Ich lache auch. Er zeigt auf die schmale Kante. Buchstaben, das kann ich erkennen, aber sie sind merkwürdig verdreht.

„Spiegelschrift. Auf dem Kopf." Er holt einen kleinen Taschenspiegel aus der Brusttasche. Den kenne ich, er trägt ihn immer bei sich. „Halt ihn von oben dagegen. Wenn du hineinschaust, kommst du dahinter."

„Maria, da steht ja wirklich Maria!"

„Sag es Mama nicht. Versteck den Zeilenblock. Wickel ihn in ein Taschentuch. Er ist kostbar. Fass ihn aber nicht zu oft an. Bald wird es den Bleisatz mit Linotype nicht mehr geben."

Unten im Tal, am Zwickenbach, streifte sie durch die Farnwedel und das Gurgeln des Wassers. Eine Spinne breitete ihr Netz an einer grünbraunen Schwarzerle aus. An den Zweigen hingen lange Kätzchen. Die Mutter spann weiter ihre Fäden, die sie und der Vater zerrissen. *Die Liebe der anderen lässt sich nicht verändern.* Das Bleitäfelchen in ihrer Hand war ganz warm geworden.

Matthias Reinhold, Betonklötze, 2018, Collagen mit 10x15cm-Fotos, Street art von Wolfgang Nieblich, Auf Beton, 2013/15

Walle Sayer

## Kryptographie einer Vorstandssitzung

Montagsgesichter.
Sich neigende Tulpenköpfe.
Zu Widerhaken verbogene Büroklammern.

Aus Schneckenfühlern ein Antennengeflecht.
Steinformen hartgewordener Brotriebel.
Und ein ersoffener Fisch.

Was macht die Hyäne in diesem Streichelzoo.
Woher kommen die Fällzeichen an den Bäumen.

# Leserbriefsammlung

Ein Elefant orientiert sich im Porzellanladen, ein Kamel hungert sich durchs Nadelöhr. Überschüssige Kraft, die einen Wurzelstock ausreißen könnte. Oder Wehleidige, die man nur anpustet, schon fliegen sie um. Natürlich ist die Sache mau. Natürlich zahlte es sich aus, aber rechnet sich kaum. Zumindest einige dieser Leserbriefschreiber, die aus vier Sätzen eine grobe Festung erbauen, scheinen trotzdem mürbe zu erahnen, daß auf der Briefwaage die Worte mehr wiegen als die Wörter und mitunter selbst die Stille polemisch wirkt. Scheinen überdies zu wissen, wie lange es dauert, bis Erfolge verheilt sind, was Allmachtsseckel auf Schriftdeutsch heißt, und es letztlich um den Schnörkel geht zwischen Passamt und Passant, zwischen Qualle und Quelle. Auf die Art werden Feldforschungen angestellt von Villa zu Bruchbude. Wird zerpflückt, entsteint, entkernt. Wenn dies keine Lappalie ist und das eine Bagatelle wär, dann sind wir allesamt kleinwüchsige Riesen, dann verbirgt jeder Marmorengel eine wunde Stelle, dann verlöre sich unser ganzes Bistum in einem einzigen Weizenkorn. Fischgalle und Blindheit. Weltgewiß drehen sich die Windmühlenflügel.

Chris Inken Soppa

# Fáilte

Tribut an die nordirische Autorin Anne Devlin und ihre Kurzgeschichte „Naming the Names“

Abyssiania, Alma, Bosnia, Balaclava, Belgrade, Bombay.

Wär ich eine Drohne, so könnt ich die Linien von oben sehen, die roten Klinkerhäuschen hüben und drüben, die blaugeränderten Trampoline, auf denen Kinder hoch, hoch fliegen, als wollten sie einen Blick auf die andere Seite erhaschen. Doch kein Kind fliegt höher als der Frieden. Andere Dinge schon. Immer noch, heißt es, kommen Steine, Golfbälle, Farbbeutel, Brandflaschen von drüben. Ich betrachte die Betonplatten unter Wellblech unter Maschendraht unterm durchlässigen Himmel. Hier brannten die Häuser vor achtundvierzig Jahren, am Tag meiner Geburt. Ich bin ein Donnerstagskind aus einer ganz anderen Welt. Als ich achtzehn war, stand ich mit Tadhg erstmals an der Falls Road. Tadhg: groß, hellhaarig, mit schön geschnittenen dunklen Augen. Seine Schwester Finn, sie war deutlich älter und hatte eine sternförmige Narbe auf der Wange, verkaufte Waren aus zweiter Hand für die Erstkommunion: weiße Kleidchen, Schleier, zierliche Anzüge, Haarkränze, Tropfenfänger und Kerzenröcke, unter denen eine Kinderhand verschwindet. Tadhgs Hand war auch verschwunden, er trug eine zweite Hand am ersten Arm, dem rechten, und die zweite Hand war ein Haken aus Gummi und Metall. Damit konnte er direkt in den Stacheldraht greifen, ihn auseinanderschieben oder behutsam eine Spinne zur Seite stupsen. Take care, Constance! So nannte er mich, weil ich aus Konstanz kam und er meinen Namen nicht sagen konnte. Ich blickte auf Vorgärten hinter Stacheldraht, Soldaten, vergitterte Fenster und Türen, Graffiti: Join Sinn Féinn, Ourselves Alone und Santa Is A British Agent; dazwischen erledigten die Menschen ihre Einkäufe oder kamen von der Arbeit, Gedränge überall, wie für mich inszeniert, für mich und nur für mich allein.

Die Soldaten, die Hubschrauber, die gepanzerten Fahrzeuge sind weg, Gitter und Stacheldrähte weitestgehend, die Graffiti haben sich zu Wandgemälden ausgeweitet. Bobby Sands, Peace By Piece, Cuchulainn. Ich stehe breitbeinig und halte den Hals meiner abgegriffenen Gitarre schräg nach oben. Die Sonne verkürzt meinen Schatten zu einer groben Gestalt mit präsentiertem Gewehr. Eine Frau, schwarze Netzstrümpfe, kleiner Hut, schiebt ihren Kinderwagen die Mauer entlang. Am Omniplex das Poster eines uralten Films: A Town like Alice. Drumherum die Straßen von West-Belfast:

Gibson, Granville, Garnet, Grosvenor, Theodore, Cape, Kashmir.

Dort an der Friedenslinie hätte Tadhg seinen allerersten Anschlag verüben sollen. Damals traf ich mich selbst, sagte er, zum Glück waren keine anderen Kinder in der Nähe. Als ich ihn kennenlernte, hinterfragte er alles und jedes. Was würde aus dem Norden, wenn wir auf einmal zur Republik gehörten, wollte er wissen. Aus dem Süden kommen die Unsrigen jetzt, um Kondome zu kaufen. Ich stellte mich auf die Zehenspitzen und küsste ihn. Nicht bloß Kondome, sagte ich. Hier gab es schon immer besondere Dinge, die Titanic, linke Nationalisten. Er lachte und küsste mich wieder, und dann ging es immer weiter.

Ich kam her, weil ich die Straßenmusik der Insel kennenlernen wollte und fühlte mich heldenmütig. Mit meinem funkelnagelneuen Führerschein allein im alten VW-Polo bei Newry über die Grenze. Auf irischer Seite ein Bretterhäuschen, auf der anderen Neonlicht, Barrieren und ein Soldat, der seinen Kollegen rief: Ey John, she's got no steering wheel! Gelächter, bis mir der Bauch wehtat. Am Abend dann Tadhg im Hostel, untergetaucht im Stockbett gegenüber, sein Haus in Belfast werde beobachtet, sagte er. Vorm Schlafengehen schnallte er seine Hand ab, legte sie versehentlich auf meine Gitarre und erzeugte einen schwingenden Ton. So fing es an. Es war Feiertag, ich konnte meine Reiseschecks nicht einlösen. Er lud mich auf ein Bier in die einzige Bar im Dorf, dort nahmen ihn die Leute in ihre Mitte und flüsterten mit ihm. Er war ein guter Zuhörer. You shouldn't have laughed so much at the soldiers while there were guns trained on your car! Dann bat er mich vor allen Leuten, eins meiner Lieder zu singen.

Ich bin nervös, weiß nicht, was ich tun soll, warum ist er noch nicht da? Ich muss mich ablenken, und da mir nichts Besseres einfällt, stelle ich mich vors Wandgemälde, stimme die Gitarre und fange an. And they're spinning out the continental céili. Eine Frau im bodenlangen Mantel kommt vorbei, rückt sich das Kopftuch zurecht, auch sie lebt jetzt hier, die Welt dreht sich weiter. Drei Jungs mit kahlrasierten Schläfen latschen breitbeinig nebeneinander, sie brauchen den ganzen Gehweg. Ein Hund schnüffelt an einem Klapprad. Provisional IRA steht an die Bibliotheksmauer geschmiert. Davor steckt eine Rucksacktouristin ihr Telefon auf eine Stange, um sich selbst zu fotografieren.

Meine Schwester schloss sich bereits 1969 den Provos an, nachdem man uns die Häuser abgefackelt hatte, sagte Tadhg. Die aus der Shankill zertrümmerten unsere Fenster mit Besenstielen und warfen Brandbomben rein. Die Polizei fuhr in gepanzerten Wagen vor ihnen her. Ihre Geschütze zeigten auf uns, ich war sieben und wohnte danach bei meiner Großmutter. Sie war alt, sie hatte Countess Markiewicz noch persönlich im Gefängnis besucht, eine Constance übrigens wie du. Am nächsten Tag kam die Armee. Zunächst waren wir erleichtert, wir sagten fáilte, willkommen, und wir meinten es ernst, doch sie verstanden uns nicht.

Lincoln, Leeson, Marchioness und Mary, Slate, Sorella und Roden.

Als Kind hatte Finn sie beim Seilhüpfen aufgezählt.

An jedem Häuschen steht Fáilte blau emailliert. Gleiche Schilder, gleiche Eingangstüren; in manchen Vorgärten liegt Müll, doch der Rasen ist überall grün und kurzgemäht. Dazwischen Warnschilder an Zäunen und Mauern. Anti-climb paint! Schulkinder kicken Steine und stoßen sich kichernd in die Seiten. Ich betrachte die klobigen Haarschnitte der Buben, die Uniformröcke der Mädchen und singe Is This The Life We Really Want. Warum haben wir uns nicht im Stadtzentrum vor der Crown Bar verabredet? Dort fragt keiner, was der andere ist. Dort kann man die englische Krone mit Füßen treten und sich in eine von Heinrich Bölls Einzelsäuferkojen setzen. Ich spüre einen heimlichen, scharfen Schauer. Die Falls Road ist kein Ort für Straßenmusik.

Doch Zuhörer bilden einen Kreis, wie von einer höheren Macht arrangiert. Noch immer bin ich in der Lage, sie zu halten; ganz mühelos greife ich die Barrés, die mir mit scharfem Metall in den linken Zeigefinger schneiden wollen. Ich denke an Finn und beginne, die Straßen zu singen: Osman, Serbia, Sultan, Raglan, Bosnia, Belgrade, Rumania, Sebastopol. Meine eigene Melodie, mein eigener Rhythmus. Ein paar Leute lächeln. Conway, Cupar, David, Percy, Dover und Divis. Mary, Merrion, Milan, McDonnell, Osman, Raglan, Ross, Rumania, Serbia, Slate, Sorella, Sultan, Theodore, Varna und Roden. Ein Taxi hält dicht vor mir, der Fahrer winkt, doch ich schüttele den Kopf. Die Taxifahrer sind Stadtführer geworden, sie bringen die Touristen zu Mauern, Wandgemälden und Übergängen, die des Nachts geschlossen werden. Und sie erzählen ihre Geschichten. Brexit! Had I come up with this word in the seventies, I would have scrawled it on every wall. Today, it just plain scares me! Demonstrativ nehmen sie ihr Geld auch in Euro. Und erzählen ohne Zögern, in welchen Organisationen sie Mitglied waren. Und dass heutige Stadtplaner sogar noch mehr verwüstet hätten als die einstigen Bombenleger. There is no heart in the Falls these days.

Da drängt er sich durch die Menge, ich erkenne ihn sofort und erschrecke. Seine hellen Haare grau und zerfahren, sein schöner Blick verschwommen, auf seinem voll gewordenen T-Shirt-Bauch die irische Flagge. Stop it! Eine Hand aus schwarzem Aluminium nimmt meine, zieht sie von den Saiten weg, hält sie fest. Er schaut mir in die Augen. Constance! You fucking haven't changed at all!

Das ärgert mich, die Leute ringsherum lachen, einer ruft boo. Ich hebe den Gitarrenhals, die Schlaufe schurrt mir den Nacken entlang, mir bleibt nicht mal die Zeit, ihn zu begrüßen. Schon packt er mich am Arm, seine schwarze Hand wie eine Klammer, ich kenne sie nicht. Ist es die vierte, die fünfte, die sechste? Er zerrt mich hinter sich her, kaum kann ich mir die Gitarre auf den Rücken schieben. Dreißig Jahre haben wir uns nicht gesehen, und jetzt solche Wut? Um die Ecke liegt ein großes weißgestrichenes Gebäude mit hohen Fenstern. Conway Mill, die restaurierte Leinenfabrik. Vorn eine Bistrohalle, es riecht nach frischer Farbe. Spiegel, Säulen, Kandelaber, dunkle Bilder und Möbel vor weißen Wänden. Tadhgs unscharfer Schatten, eine Spinne, die mitten im sauberen Weiß ihr Netz webt. Er bestellt Tee und Scones, sieht mich nicht an. Das war geschmacklos, sagt er, wie konntest du nur?

Ich breche ein Stück vom Scone, stecke es mir in den Mund und muss husten. Wie schön sie die Fabrik hergerichtet haben, versuche ich abzulenken, doch er entgegnet, wer sagt dir, dass sie nicht bald wieder brennt?

Hinter mir italienische Wortfetzen, weiter drüben erzählt eine junge französische Stimme vom republikanischen Museum gleich um die Ecke. Die haben so einen Spiegel, mit dem sie unter ihren Autos nach versteckten Bomben suchten!

Tadhg dreht sich erbittert um. Ihr Europäer! Alles macht ihr zum Ereignis! Doch sie hören ihn nicht.

In loving memory of Finnula McQuillen. 1954–2017. Am Donnerstag, dem vierzehnten August 1969 lief Finn zurück zu den brennenden Häusern in der Conway Street, um ihre Großmutter zu holen. Auch später tat sie, was sie tun musste, behauptete Tadhg. Man setzte sie auf einen jungen Engländer an, dessen Vater drei Provos ins Gefängnis gebracht hatte. Finn lockte ihn in eine tödliche Falle, vorher verliebte sie sich in ihn. Sie konnte ihn nicht retten, sie konnte ihm lediglich Zeit geben, einen ganzen langen Sommer. Als man sie verhaftete, nannte sie keine Namen, bloß Straßen. Abyssinia, Alma, Balaclava, Balkan, Belgrade, Bosnia: leere, zerstörte, zerschlagene Orte. Sie kannte keine anderen mehr. Acht Jahre im Gefängnis, später in der Nordirland-Versammlung, beim Karfreitagsabkommen dabei, seit wenigen Wochen hängt ihr Gesicht mit der sternförmigen Narbe im goldenen Rahmen am Grabstein.

Am elften Juli hatten die von der anderen Seite wieder hunderte Feuertürme gezündet: an der Conway Street und in vielen weiteren Gegenden. Freudenfeuer nennen sie das. Bis zu dreißig Meter hohe Scheiterhaufen aus Holzpaletten und Reifen verzerren die Silhouette der Stadt. Asche, Ruß und Gestank. Vor mehr als dreihundert Jahren siegten sie über die Katholiken, das feiern sie jeden Sommer neu. Irische Fahnen und gestohlene Wahlplakate brennen gut. Billiges Bier, Taigs-Out-Gebrüll, Dudelsackgedudel. Vom Scheiterhaufen löste sich eine Palette und traf Finn; der Rettungswagen drang nicht rechtzeitig durch die Betrunkenen. Im Internet zeigt An Phoblacht das von einer Kameradrohne aufgenommene Bild: Finn auf dem Rücken, drumherum der Mob wie im Spinnennetz, von höherer Macht arrangiert? Hatte sie ihr Plakatbild auf dem Haufen entdeckt, inmitten der beschmierten Fahnen und der übrigen Politikerposter von Weggefährten, deren Namen sie kannte? Osman, Serbia, Sultan, Raglan, Bosnia, Belgrade, Rumania, Sebastopol. Hatte sie die Hände vor den Mund geschlagen, als sie sah, wie das Feuer ihr eigenes Gesicht umfing? Warum ging sie ausgerechnet an diesem Tag rüber? Tadhg liegt auf den Knien, er scheint ebenso ratlos wie ich. Nun steht er auf. Mit abgewandtem Kopf weist er mich nach draußen, zurück auf den Kontinent, zurück nach Konstanz. Tell them about us, sagt er zum Abschied. Mit seiner schwarzen Hand klopft er sich den grünweißorangefarbenen Bauch.¶

Christoph Rütimann, Kulturkeulen, 2017, Foto: Stefan Rohner

# Block-buch-staben und ③ Ausrufe-zeichen

Jimmy Brainless

# Quellcodeaquarium

Die Menschheit hat ein kollektives Gedächtnis, nennt es Internet und ruft es von Wo-auch-immer mit taschengroßen Bildschirmen in Erinnerung. Füttert es und labt sich ebenso daran. Früher hat's noch geklickt, jetzt ist alles Wischiwaschi und tausend Mal auf Quellen zu überprüfen.

Jeder hat schon mal von Renata Bruchspelz gehört, die Frau der tausend Stimmen, eine der wandlungsfähigsten Schauspielerinnen in Freiluft, die sich als Betroffene einer schweren Gasexplosion dem öffentlichen Auge entzog, um sich schließlich nach vielen Monaten abgeschiedener Rehabilitation umso engagierter dem öffentlichen Ohr zu widmen.
Einmal wöchentlich füllt sie im Radio eine gut frequentierte Stunde Sendezeit mit munteren Erzählungen und Kurzgeschichten, in welchen sie stimmakrobatisch in die unterschiedlichsten Charaktere klischeebehafteten Milieus schlüpft: Von bourgeoiser Schnöseligkeit bis zum proletarischen Kneipengesudere beherrscht sie nämlich sämtliche Dialektnuancen.
Der Stein kommt ins Rollen als FadeMade.eu, berüchtigt für ihr prokrastinationsempfängliches Publikum, zwei Tage vor der Premiere der „Gefängniswärterin", in welcher Renata Bruchspelz ihre Rückkehr auf die Bühne feiern soll, eine Früher-Heute-Montage veröffentlicht – mit den üblichen Verdächtigen, also hauptsächlich botoxbetonierten Boulevard-Stars. Mittendrin untergejubelt: Vergleichsbilder von Renata Bruchspelz. Das darin verwendete aktuelle Foto dürfte wohl, trotz strengstem Ablichtungsverbot, bei einer Probe für die baldige Aufführung geschossen worden sein.
Nachdem sich Renata Bruchspelz seit ihrem Unfall vor über vier Jahren nicht mehr publik gezeigt hat, ist es kein Wunder, dass sich die Medien ungehemmt darauf stürzen und sensationseifrig ihre Artikel im Stile „So sieht Tausend-Stimmen-Frau Renata Bruchspelz jetzt aus" betiteln, um allerdings das von FadeMade.eu übernommene Portrait darin wiederum aus „ästhetischen Gründen" verschwommen darzustellen und stattdessen absätzelang zu beschreiben, was den Lesenden einfach gezeigt nicht zumutbar erscheint.
Das macht neugierig. Nicht nur, dass die Premiere ausverkauft ist, das ist man

von einem Feuerpilz-Stück sowieso schon gewohnt, aber auch die darauffolgenden Termine können sich großer Nachfrage rühmen, sogar die sonst ladenhütenden Stehplatzkarten finden Besucher mit starkem Standbein.
Am Tag nach der Erstaufführung findet man unter trending topics eine Menge Blockbuchstaben und Ausrufezeichen, alles erörtert in zahlreichen Varianten das ethische Dilemma, welches man einem offensichtlich tabulosen Regisseur zu verdanken hat.
*Die Freilufter Tageszeitung* gibt sich gewöhnt empört, hackt, ganz in ihrem Element, man will ja den Ruf wahren, auf Regie, Intendanten und dem Kulturminister herum, der offensichtlich keine Bedenken hat, Steuergelder für so eine Anstößigkeit hinauszuwerfen.
Man muss nicht oft den URL wechseln, um auf der Seite der Opposition zu landen. Die Freilufter Presse weiß zu loben, befindet Feuerpilz selbstgeschriebenen Erstling „mehr als gelungen, sozialkritisch und aufrüttelnd", bemängelt einzig, dass man sich den vorteilhaften Kniff erlaubt habe, Renata Bruchspelz Erscheinungsbild zwecks Überraschung bis zur Aufführung geheim zu halten, wo es doch gerade inhaltlich darum ginge, körperliche Abweichungen zu einer akzeptierten Normalität zu bringen.
Ein relativ weit rechts gesinnter Politiker – immerhin hält er seine Reden mit Kornblume am Sakko – steigt auf die Welle der negativen Reaktionen auf und postet den Bericht der Freilufter Tageszeitung in demagogischem Eifer als Aufruf, dass das Schauspielhaus zu boykottieren sei, dass der Regisseur Feuerpilz sich in der Vergangenheit schon oft genug als Nestbeschmutzer der Republik bewiesen habe, dass schon ausreichend Steuergelder für den behindertengerechten Umbau öffentlicher Einrichtungen draufgegangen seien und es demnach eine Frechheit sei, dass das Schauspielhaus Krüppel auf die Bühne stelle, anstatt niveauvoll zu unterhalten…
Man muss nicht lange weitersurfen, um die Auswirkungen des Postings zu finden: Hasstiraden buchstabieren sich in rechtschreibresistenten Sätzen auf den Seiten des Schauspielhauses, weitläufig werden die Verantwortlichen als Menschenhasser beschimpft, „die Geldmittel verschwenden, um Behinderte öffentlich zu entwürdigen, welche (sic!) man besser hätte nutzen können, um Arbeits- und Obdachlosen zu helfen."
Naturgemäß formiert sich dazu auch eine Gegenbewegung, angeführt von der Agentur Frankenstein Models, welche sich darauf fokussiert hat, nicht „perfekten" Menschen eine Plattform zu bieten und an sie, vor allem in der Werbebranche, Aufträge zu vermitteln.
Wenige Klicks später veröffentlicht das alternativere Online-Magazin Wilde Kamille unter der Überschrift „Auch Krüppel haben Recht auf Expression" Interviews mit Darstellern aus der Kartei von Frankenstein Models, befragt sie nach ihrem Leben mit fehlenden Körperteilen, Trisomie 21, anatomischen Ungewöhnlichkeiten und dem Umgang damit in der Freilufter Kunstszene.
Fast scheinheilig wirkt das plötzliche Interesse.
Gegen Mittag kann man auch Feuerpilz im Radio zu der Situation Stellung neh-

Christoph Rütimann, denk mal so, 1990,
Galerie Varisella, Frankfurt.
Siebdruck auf Wand, Masse variabel

d e n k

m a l

s o

o

m a l

d e n k

o

s o

m a l

d e n k

o

s o

men hören, ungewohnt lang spricht er, der sich sonst eher lakonisch kurz fasst: „Renata Bruchspelz ist eine wundervolle Schauspielerin, und es wäre eine Schande, sie wegen der angeblichen Anstößigkeit ihres Aussehens weiterhin im Studio einer Radiostation zu verbunkern. Diese Frau gehört auf die Bühne, so wie sie ist, ihre Rolle für Die Gefängniswärter habe ich ihr eigens und wortwörtlich auf den Leib geschrieben, weil es mir eine Herzensangelegenheit ist, dass jeder Mensch mit dem Bedürfnis nach Ausdruck ihn auch ausleben darf. Außerdem: In einer Zeit, die nur Photoshop-Perfektion kennt, gehört das Unretuschierte erst recht auf die Bühne. Ich möchte mich bei allen bedanken, die in dieser Sache keinen Stock im Arsch stecken haben."

Feuerpilz' Statement erhitzt das ohnehin leicht auflodernde Gemüt der Gegner, gegen Abend ist das Schauspielhaus auf den relevanten sozialen Netzwerken auf 2½ von 5 möglichen Sternen herabbewertet worden.

Auch die zweite Vorstellung ist ausverkauft, doch wird die Aufführung von Eindringlingen gestört, die den Zuschauerraum stürmen und „Quasimodo" rufend faule Eier auf die Bühne werfen. Es kommt zu kleinen Rangeleien, nach einer raschen Schlichtung durch Platzanweiser spielt man zwischen Dotter und knirschenden Schalen zu Ende.

Dieser Zwischenfall führt noch am selben Abend zu einer internationalen Berichterstattung, weltweit wird diskutiert, vor allem aber macht man sich über das schnell reizbare und kleinstädtische Freilufter Gemüt lustig, und ein Late-Night-Host macht sich die Mühe, ein Mem zu erstellen, auf welchem Feuerpilz den konservativ angesiedelten Landesoberhäuptern reihenweise Stöcke aus dem Arsch zieht. Und eines, wo Feuerpilz Bruchspelz wortwörtlich auf den Leib schreibt.

Eine Umfrage besagt, eingeblendet zwischen der Werbung einer Flugairline zum Traumurlaub und dem Inserat einer Partnerbörse, dass die Mehrheit der Bewohner in Freiluft an der Platsch es als positiv auffasst, dass eine körperlich Eingeschränkte auf der Bühne Platz findet, anschauen würde man sie sich jedoch nicht.

Die Verkaufszahlen sprechen allerdings dagegen, alle angekündigten Termine sind bereits Wochen im Voraus ausverkauft. Trotzdem reagiert das Schauspielhaus am folgenden Tag mit einer Presseaussendung, die die nächste Empörungswelle auslöst: Renata Bruchspelz soll von Luise Liebstöckl bis auf Weiteres in allen folgenden Aufführungen ersetzt werden.

Kurz darauf wird online eine Petition gestartet, die die Originalbesetzung zurückfordert, innerhalb weniger Stunden haben über 700.000 Menschen ihre digitale Unterschrift gesetzt. Renata Bruchspelz wird als Reaktion darauf von allen möglichen Medien und Online-Magazinen zum Interview eingeladen, doch nur eine einzige Fernsehsendung befindet sich darunter, die sie live ins Studio zum Gespräch gewinnen will, alle anderen bestehen auf einer Veröffentlichung in schriftlicher Form.

„Lächerliche Doppelmoral", kommentiert der Pressesprecher der Frankenstein Models. „Jemanden wegen seines Aussehens einzuladen und genau deswegen

wieder ein schriftliches Medium für die Veröffentlichung zu wählen, ist respektlos und bedenklich."
Die Beschimpfungen, die darauffolgend zu finden sind, erinnern an die Wahlkampfzeit vor Kurzem, als Rechtspopulisten im Sinne einer fehlinterpretierten Meinungsfreiheit zu xenophoben Kommentarlawinen aufstachelten.

Bevor das Ganze aber komplett ausufern kann, entschärft Renata Bruchspelz. Sie hat genug. Auch ihr steht das Wasser bis zum Hals.
In vertrauter Radioumgebung spricht sie ihre Gedanken aus – im Online-Archiv sind ihre Worte zusammengeschnitten noch sieben Tage nachzuhören.
Nüchtern gibt sie sich, dachte, dass das Freilufter Publikum bereit wäre für diese Art von Konfrontation, aber offensichtlich nicht. Sollen die doch das Stück ohne sie aufführen, sie schätzt Luise sehr, sodass es sie nicht im Geringsten verletzt, dass diese ihre Rolle übernimmt. Sie habe nur gehofft, dass sie nach ihrem Unfall mit allem, was zu ihr gehört, mit Körper, Geist und Seele wieder zum Ausdruck bringen könne, wieder zeigen dürfe, was in ihr stecke, ohne dass man schon von ihrem Äußeren abgeschreckt wäre. Hier witzelt sie, dass ihr Äußeres noch das Harmlosere wäre im Gegensatz zu dem, was noch in ihr stecke, wechselt dabei in einen trunkenen Würstelstanddialekt, um sich anschließend mit engelsgleicher Stimme bei ihren Kolleginnen und Kollegen am Schauspielhaus und Feuerpilz für ihre Loyalität zu bedanken.
Die restliche Saison ist das Stück noch im Programm, das Kulturblatt belustigt sich darüber, dass Luise Liebstöckl sich nun stundenlang vor jeder Aufführung schminken lassen muss, um sich in die Entstellte zu verwandeln, die Renata Bruchspelz zuvor ohne Aufwand zu verkörpern in der Lage war.
Mit der Sommerpause erreicht das Schauspielhaus eine durchschnittliche Bewertung von 3½ Sternen, der Kulturminister ist kein Kulturminister mehr und Feuerpilz hat Inszenierungsverbot in Freiluft.
Dem ist das reichlich egal, denn die Hauptstadt hat ihn zum Intendanten des Staatstheaters gemacht. Und als spöttische Antwort auf Freilufts Engstirnigkeit und um gleich alle wieder vor den Kopf zu stoßen, macht er einen Shakespeare, weiß nicht mehr welchen, ausschließlich mit Topmodels ohne jegliche Schauspielausbildung. Andere Geschichte.

Ich beende meine Recherche, will die müden Augen schonen, die vom bunten Flimmern reizüberflutet sind und lass die ganzen Tabs wieder vom Browser verschlucken, widme mich anderem. Doch auch von meinem Bildschirm entfernt, lungert es noch im unauslöschlichen Archiv des Netzes, bereit, als Zeuge vielfacher Perspektiven, genauso fragwürdig wie seriös, wieder Wort für Wort abzurufen, was passiert war.
Wer weiß, wie's wohl wirklich war?

Christoph Rütimann, passe port part tout unter sicht gang art, 2004, Brooksbrücke zum Zollfreilager, Hamburg/Speicherstadt, Typecut auf Kunststoffplane, Masse variabel

par
passe
port
tout
par
passe
par
port
tout
port
passe

Patrik Knothe

# Algebra

Es liegt in unserer Hand.
In welchem Deutschland wirst du einmal leben?
Ein Deutschland der Chancen, in dem mehr Menschen Arbeit haben als je zuvor?
Wirtschaft gut. Arbeit gut. Alles gut.
Ärmel hoch und ran.
Gut. Gut. Sehr gut.
Okay.
Was noch?
Ah, schön.
Deutsche Interessen.
Nicht rechts, sondern rechtens.
Ich sage lieber, das rechnet sich nicht.
So einfach ist eigentlich Politik.
Und was noch?
Jep, Integration.
Deutsche Interessen.
Egal, wo du herkommst.
Man fragt Experten, recherchiert, es wird gestritten, es wird diskutiert.
Irgendwann denkst du, jetzt sind wir soweit.
So einfach ist eigentlich Politik.

Wir werben aber dafür, dass man die jährliche Zuwanderung begrenzt, damit die Integration gelingt.

Wir sind und bleiben weltoffen.
Besorgte Bürger.

Patrioten und junge Wilde.

Ausgerechnet für die.
Irgendwann denkst du, jetzt sind wir soweit.
Gut. Gut. Was noch?
Dein Deutschland soll ein Land sein, in dem wir alle gut und gerne leben.

Ah, schön.
Die neue Idee findet nicht jeder gut.
Wirtschaft gut. Alles gut.

Egal, wo du herkommst.

Also, Ärmel hoch.

Und was noch?
Thema Bildung.
Warum bestärken wir unsere Kinder in dem Glauben, dass sie diese Welt besser machen können?

Keine Angst.

Mundwinkel rauf.

Wir bestimmen hier.

Du wirst sehen.

Das wird gut.

Wir halten, was wir versprechen.
So einfach ist eigentlich Politik.

(Sämtliche Textbausteine sind den Wahlwerbespots für die Bundestagswahl 2017 entnommen.)

Christa Ludwig

# So what!

Da will man sich nur entspannen/bisschen was lesen in neuen Romanen/ Pause mit gut geschriebenen Texten/aber das geht nicht, man muss jetzt relaxen/und gegen den eigenen sprachlichen Willen/kann ich nicht ruhen, ich muss jetzt chillen/Ich fläze mich im Casusal Wear/schlürfe ein Glas grünen Smoothie leer/das Buch ist kein Thriller/es gibt keine Killer/aber die Story okay, ein well-made Plot/echter Pageturner, also so what?
Es waren Kritiken davon in der FAZ/der ZEIT, der Süddeutschen und der TAZ/hab ich alle gelesen, auch die der FR/sie machen dem Autor das Leben schwer:/ based on a true story, das mache mitnichten/die literarisch guten Geschichten/zu simple-minded und straight erzählt/S.K. hat sich durch die Seiten gequält/D.S. vermisst den richtigen Drive/doch U.M. meint: Such is Life/Das Setting sei crazy, habe move und sei flott/man kann es genießen, also: So what?
Aber vergiftet wird mir der Genuss/in diesem Buch von Anfang bis Schluss/ gibt es kein einziges deutsches Gefühl/nur German Angst und davon zu viel/ da ist man down, happy und blue/crazy, mad, silly und immerzu true/ab in den Müll mit dem englischen Schrott/da ist nichts touching, alles so what.
Doch leider: Das ist Reality Show!/Warum the hell ist das jetzt so?/Der deutschen Sprache schlägt die Stunde/English erschlägt sie, sie geht vor die Hunde/man nennt heute Models und das waren/noch gut deutsch Mannequins vor ein paar Jahren/und sagt man heut sorry oder so long/so hieß das mal urdeutsch adieu und pardon/darum hab ich mal meine erwachsenen Jungen/energisch zum Deutsch sprechen gezwungen/ich rief sie auf zum English-Boykott/„Man versteht's doch," sagt einer, „also: so what?
Aber es sagte ein anderer Sohn/nicht am Handy, durchaus am Telefon:/„Mein Diener, sprach er, hat einen Schaden/ich kann nicht rauf- und nicht runterladen/oder die Feuerwand lässt nichts mehr rein/das Mutterbrett kann es wirklich nicht sein/und die drahtlose regionale Netzarbeit/ist offenbar auch nicht funktionsbereit/ich kann sie nicht nutzen/und folglich nicht im Netz herumrutschen."/„Halt, ich kapier nichts", schrie ich, „stop it, mein Gott!"/„Du hast es gewollt", sagt er, „so what?"
Bullshit, man kann das nicht bestreiten/wir walken, joggen, bouldern, biken/ aber ist mögen dasselbe wie liken?/Werden wir ein neues Befinden/nur, weil es das Wort gibt, für uns erfinden?/Was war zuerst? Ding oder Wort?/Gab es den Sport schon vor dem Wort Sport?/Gilt es auch hier: im Anfang das Wort?/ Waren wir high vor dem Wort high?/Was ist das Huhn? Was ist das Ei?/Sind wir längst Blasen im sprachlichen Brei?/Sind Anglizismen der Urschleim, aus dem/ neue Befindlichkeiten entstehn?/Gab es schon immer Gefühle der Art/die wir jetzt nennen soft, tough, down und smart?/Fest steht, dass nun beim Schwimmen im Pool/nicht nur das Wasser ist angenehm cool/So cool – da packt mich das Frieren:/Wir werden dabei auch etwas verlieren!/Denn ein Song ist ein Song, ein Song ist kein Lied/ein Brief ist ein Brief, kein Mail und kein Tweet/wo ist jetzt der Brief und wo ist das Lied?/Lost und gone im Sprachgemansch-Trott?/Was das Rechtschreibprogramm von Word nicht moniert/ist Small Talk im Alltag und längst etabliert/es ist, wie es ist, also: So What!
Warum ist das so? Warum will ich wissen?
Sag mir warum! Give me one good reason.

Christoph Rütimann, schlag baum zeilen mass feld blick spiel plan lager raum wort wahl buch druck zeit fluss, 1998, Typecut 544 Wörter, 2 Videokamers, 2 Monitore, 850 x 5600 cm Papierlager und Foyer der NZZ

Sana Zsac

## in Phasmata

schwerhörig
ist der Mond
und ohne Fußstapfen

so fing
sein Gedicht an
er schwebt noch

das setzt er
auf ihrer Brust fort

die Schrift
war ein Schattenbild

und er reichte ihr
den Spiegel

## einen Klick weiter

wir behandeln heute
ein nichtsnutziges Epos

der Ärmste
der Armen
der trojanische Dichter

aufgebahrt seine Werke voller Blut
und sein König liegt auf dem Gesicht
streckt uns seinen Hintern entgegen

die Rückseite
ist die Weissagung
für den
der es aushält

## ich bestätige Ihnen

wenn man nachschlägt
zum Dritten Reich
und das Stichwort
„Innerer Schweinehund“
eingibt

dann findet man nichts
keine Rückmeldung
das war’s

meine Unterschrift
Wolf Lockvogel
Universitätssekr.

ein Weg
wie man auch sonst

Hanspeter Wieland

# Wutbürger

„Wutbürger" zum Beispiel war auch so ein Wort, mächtiges, kräftiges, das Bäume versetzt, zu versetzen imstand ist. Davor zittert jeder, der Macht von Bürgern geliehen bekommen und sie dann veruntreut hat. Was all diejenigen sind, die mit dem Erlaß von Gesetzen und Verordnungen, mit der Schlagkraft der Verwaltung und der Autorität der Gerichte die Bürger plagen – so sehr und so lang und so dreist, daß diese, die doch eigentlich langmütig sind, die den sprichwörtlich breiten Rücken haben, eine Wut bekommen, wütig, wütend, zu Wutbürgern werden – das ist hierfür die Erklärung.

Für das Wort ist es die Erklärung und für die Energie, die es ausdrückt, daß nämlich alle Macht von den Bürgern kommt, vom Volk und nicht vom Staat. Und daß ohne Wenn und Aber das eingefordert wird. Jetzt.

Worte haben Kraft, wenn sie wahr sind. Sonst ist es ja nur Getöse, das gibt es auch – und gerade genug! Oder Kraftmeierei.
Das mit der Volksmacht stimmt aber schon und seit langem. Seit die Fürsten nicht mehr regieren stimmt es, eigentlich ist es geschriebenes Recht. Im Namen des Volks. Manchmal erfasst ein stolzes Bewußtsein davon die Gesellschaft sogar in ihrer Breite und Tiefe. Für die Tiefe steht dann die Wut, und für die Breite, daß die Wut überall ist, von rechts nach links und in der Mitte auch, in allen gesellschaftlichen Strömungen.

Wutbürger, das war auch so ein Wort, mächtiges, kräftiges, das Bäume versetzt.
Daß einmal die Saat der Zwietracht nicht mehr wird aufgehn und das der Tag wär, auf den ich wart. Uf där Dag wart i. Avanti popolo.
Auch wenn manche meinen und laut sagen: Es gibt jetzt kein Volk.

Im Schweizer Radio hat man eine Rubrik, in der die Hörer regelmäßig etwas erzählen können, was sie freut so die Woche durch. Die Rubrik heißt darum: Aufsteller der Woche. Und bei mir war das so:
Beim Nachsinnen – noch nicht lang her – kommt von irgendwoher, von einem Altpapierstoß mir vor die Füße gesegelt eine Zeitungsseite, vom Himmel geflattert quasi wie sein Wink. Es war eine Hamburger Zeitungsseite. Hoi! Vom anderen Ende die Zeitung gar! Und erst noch, was da geschrieben war:

„So schnell geben wir nicht auf!"
„Der Protest in Barmbeck ist riesengroß!"
„Gegen die Schließung unserer Post!"

Das war mein Aufsteller. Und die Post-Filiale, um die es da geht, ist in der -- Volksdorfer Straße.
Wirklich? Na sowas! Also doch.

Hanspeter Wieland

# Überlinger Schneeglöckle

Die Hiesigen sind auch nicht anders wie die anderswo Idioten, als die anderen; sie reißen ab und bauen wieder auf; ständig sind sie – wie anderenorts auch – am Gebäude abreißen und natürlich wieder aufrichten; das ist eben die Idioten-Art, die ich meine, und sie machen viel Krach dabei, darüber ich weine.

Es ist hier wie im ganzen Land. Viellcicht daß es im ganzen Land noch mehr verbreitet geworden ist, seitdem man idiotischerweise übereingekommen ist, möglichst überall zur gleichen Zeit Gebäude abzureißen und wieder welche aufzubauen. Es ist wie eine Vision, Gott helfe mir bei der Wahrheit zu bleiben, es ist ein Investitionsstau. Staatlich und privat. Oder daß es Angst wäre, daß die Gemeinschaftswährung sich verzehre, bald schon gehe dahin und – „hii" und deswegen allenthalben abreißen und aufbauen wie
ein Weltmeister! Schluchz!

Das ist ja kein unbekannter Vorgang. So wie in aussichtsloser Lage es den Krieg gibt/das Kriegerische zur Option wird. Jedenfalls erstmal Vernichtung. Dann weitersehn. Und vielleicht wieder aufbaun.

Seither kommen natürlich auch die Ruinengrundstücke dran – samt allen meinen dortigen Lieblingen. Bisamratten und Waschbären, Schneeglöckle und Hyazinthen.

Ab da blieb nicht mehr aus, daß die asbestverseuchten Turnhallen, die verwahrlosten, drankamen, samt Fauna/Flora dort, polsterweis Schneeglöckchen im frühen Frühjahr, wenn es noch ganz früh ist, in ganzen Tuffs vor ehemaligen, aufgelassenen Penny-Märkten, da es ja bei Schneeglöckchen nur wenige, im Boden verbleibende Zwiebelchen braucht, um sie bald schon in großen Flächen wild heranwachsen zu sehen, über die in den Nächten Füchse hinziehen.

Ab dem Zeitpunkt, wo die schweren Geräte hier anrücken, hatt ich mir vorgenommen, zum Maschinisten zu gehen und ihn zu bitten, wenn es soweit ist, bitte, graben Sie mir mit der riesigen Schaufel, für die das ein einziger Klacks ist, die Schneeglöckchen komplett aus undsofort. Oder hier das Mandel- oder Pfirsichbäumchen, das auch schon bald blüht. Aber beim nächsten Mal Vorbeigehen war alles schon weg, oder auf oder unter einem großen Haufen Aushub. „Humus", sagen die, die viel damit zu tun haben, sich mit Erde auskennen und also ist das Wort von mir auch schon zurechtgelegt im Munde, wie ich zum Maschinist geh, der natürlich auf den großen Humus-Haufen zeigt. Mit seinen Wurstfingern deutet und auf den Container daneben auch.

Ein Container steht neben dem Humus mit lauter Unrat und auch Gestrüpp darin. Das heißt, man hat die Stämme von den Bäumen, die im Lauf der Zeit da wuchsen, zur Verwertung gleich extra getan und die Zweige, als das Gestrüpp und die Boschen in den Container hinein zum Unrat, der auf solchen Grundstücken natürlich auch sich angesammelt hatte, Dreck, Müll, und wo schon einer ist, kommt noch dazu! Braucht man dafür nicht sorgen! Und die treuen Schneeglöckle hatten ja jedes Jahr in noch mehr Müll und Unrat ihre Glöckchen geöffnet, oder man sagt „geläutet" inmitten allem Dreck und Menschenscheiße sogar. Pfui Teufel. Da würde ich niemals gehen, um zu sch...,
bekommst du ja nachher von den kleinen Tieren, deren Namen ich nicht nenne, die sich dann aber in die Afterzotteln hineinbeißen, oder was du da hast. Oder Sack, und/oder in den Schwanz, was grad nochmal Pfui Teufel, der Schwanz. Rot und nackt. Wie bei einem Aff. Waschbären sieht man ja sonst auch nicht grad überall, aber hier! Wenn die Götter zu mir kämen, eines schönen Tages, oder eines schlechten, das ist egal,
Für die Götter ist es bekanntlich eher ein schlechter Tag, denn sie sagen: überall haben wir geläutet/geklingelt. Aufmachen tut schon mal keiner, aber wir wollen ja bekanntlich noch viel mehr.
Das sollten die Leute aber wissen, daß da so etwas dahinter stecken könnte, daß die vom Himmel sind und suchen Quartier und ein Nachtmahl, und ein Nachtlager.
Aber die Leute sind ja schlecht, und es haben noch keinen Gerechten gefunden die Götter, bis sie dann zu mir kamen, auf diesen Kanonenbuckel hinauf; kein schlechter Ort, von dem aus schon die Schweden im gleichnamigen Kriege hatten Kanonenkugeln auf die Stadt hinuntergeschossen.
Und wenn sie sich mir dann zu erkennen gegeben haben, die Götter, und (bekanntlich) fragen, ob ich ein gutes Wort, ob ich um Gnade bitten würde für meine Mitmenschen? – – Oh ja, natürlich Gnade, was soll ich denn sonst tun? Es würde sonst alles untergehn (dort unten die ganze Stadt). Nur ich, ich würde weiter bestehn; weil i nicht gestorben bin, so leb ich noch heute –

Conrad Steiner, **Krone**, 2013,
Foliencollage, 115 x 126 cm

Sebastian Winterberg

# 18 Betrachtungen über Macht etc. im Jahr 2018

1. Machtbasis:

   a) Laotse sagt: „Also der Erwachte: Weil er nicht scheinen will, leuchtet er. Weil er von sich absieht, wird er beachtet. Weil er nichts für sich will, hat er Erfolg. Weil er nichts aus sich macht, hat er Macht. Weil er nicht widersteht, widersteht ihm nichts."

   b) Marx sagt: „Die Macht der herrschenden Klassen ruht weniger auf Gewaltausübung als auf der stummen Macht ökonomischer Verhältnisse."

   c) Weber sagt: „Macht bedeutet jede Chance, innerhalb einer sozialen Beziehung den eigenen Willen auch gegen Widerstreben durchzusetzen, gleichviel, worauf diese Chance beruht."

   d) Adorno sagt: „Die fast unlösbare Aufgabe besteht darin, weder von der Macht der anderen, noch von der eigenen Ohnmacht sich dumm machen zu lassen."

   e) Foucault sagt: „Wo es Macht gibt, gibt es Widerstand. Und doch oder vielmehr deswegen liegt der Widerstand niemals außerhalb der Macht."

   f) Luhmann sieht Macht als ein generalisiertes soziales Kommunikationsmedium, das die Wahrscheinlichkeit von Kommunikations-Intentionen erhöht und hinterfragt die übliche historische hierarchische Betrachtung von Macht: „Der Chef zum Beispiel hat Macht über seinen Untergebenen, dieser über seine Frau, diese über ihre Freundin und diese wiederum über den Chef."

   g) Vince sagt, dass Machtdynamiken allgegenwärtig sind: Innerhalb des Individuums, zwischen dem Selbst und anderen und in Gruppen. Sie informieren, gestalten und limitieren das Verhalten, die Strukturen und die Aktivitäten von und in Organisationen und Beziehungen. Macht ist Teil unseres Alltags. Wir tragen Macht jeder Zeit mit

Conrad Steiner, **Monolog**, 2013
Foliencollage, 115x87cm

uns; in unseren Beziehungen, unseren Erfahrungen und in unserem Bewusstsein. Hierarchien sind dabei jeweils zugleich real und imaginiert. Sie sind real, weil es in Organisationen verschiedene Stellen gibt, die auf unterschiedliche Fähigkeiten, Begabungen und Einflussmöglichkeiten schließen lassen. Hierarchien sind imaginiert, weil wir anderen oft mehr Einfluss (oder Fähigkeiten) zuschreiben als sie tatsächlich haben: mehr Einfluss als wir selbst haben (auch wenn sie diesen nicht haben), und Möglichkeiten, die wir nicht haben (auch wenn wir diese haben).

2. Die Philosophen und Soziologen haben die Macht nur verschieden interpretiert, es kommt aber darauf an, sie anzuwenden.
3. Macht macht Arbeit.
4. Wir sind nicht machtlos; sondern ohnmächtig, und meistens sogar nur bequem bis faul und Statusversessen.
5. Jedes Mal, wenn ich ein Produkt kaufe, gebe ich eine Bestellung auf, die besagt: Bitte stellen Sie dieses Produkt in exakt derselben Qualität noch einmal her.
6. Ich könnte mein nachhaltig produziertes Smartphone mit der miserablen Akku-Leistung auch jeder Zeit wieder verkaufen und mir ein anderes Produkt zulegen.
7. Mein Chef sagt, dass ich vielleicht einen anderen Chef und eine andere Arbeit brauche. Ich denke: „Ja, daran merkt man es."
8. Der Schweizer Abgesandte in der grenzüberschreitenden Entscheidungsgruppe sagt: „Das ist zweifelsohne eine bemerkens- und lobenswerte Idee, in die bereits auch viel Arbeit investiert wurde, aber: ..." ...
9. Ein Bodenseekünstler schreibt mir zu meinem Buch: „Seien Sie gewiss: Wenn Sie von diesen Arschlöchern einen Preis bekommen, dann haben Sie grundsätzlich etwas falsch gemacht."
10. Der leitende Kulturredakteur einer Zeitung, die in

meinem Buch vorkommt, schreibt mir als Antwort auf mein für eine erhoffte Rezension zugesendetes Buch: „Vielen Dank für Ihre Zusendung. Wir erhalten täglich sehr viele Bücher. Aus diesem Grund bitten wir um Verständnis dafür, dass wir eine Berücksichtigung Ihres Titels in unserem Blatt nicht versprechen können."

11. Der einzige ernsthafte, halbwegs regionale Literaturwettbewerb schreibt, nachdem ich meinen Bewerbungs-Beitrag unter anderem auf einige Ungereimtheiten in der Ausschreibung gestützt habe: „Vielen Dank für Ihre Einreichung. Da uns insgesamt 148 Einreichungen erreicht haben ..."
12. Dem Intendanten, der mein Stück spielen lassen soll, versuche ich vorerst nur sehr raffiniert zu widersprechen. Aber solche Vorsätze halten meistens nicht lange.
13. Mein von mir sehr verehrter Ausbilder sagt am letzten Kurstag: „Ja, dann lassen Sie uns doch in Kontakt bleiben". Ich sage: „Ähm, ja gerne" und denke: „Schade".
14. Ich werde meinen Vermieter nicht danach fragen, wie er es eigentlich gemeint hat, als er einmal sagte, dass er, falls ich einmal ausgezogen sein sollte, meine Wohnung nicht mehr vermieten wolle, um sie für seine Verwandten zu nutzen.
15. Mein neues Lieblingslied ist der im Herbst 2017 veröffentlichte Song: „Nicht antworten ist das neue Nein" von der Band Maurice & die Familie Summen.
16. Sie schreibt in ihrem Kontakt-Profil, sie sei ein freier Mensch und Freiheit sei das Wichtigste für sie. Ich werde nicht versuchen, etwas daran zu ändern.
17. Neulich in der Nacht im Schlaf ergriff etwas Macht von mir, das auch am Tage schon gelegentlich Macht von mir ergreifl. Ich versuche aber weiterhin zu schlafen.
18. Die getroffene Frau und ich, wir könnten uns gerne wieder treffen. Wir waren uns recht ähnlich und nah. Unser Unterschied macht nur 2.000 Kilometer.

Conrad Steiner, **Ping Pong**, 2014,
Foliencollage, 197x123cm

Alfred Wüger

# Das Wort und dein hörendes Herz, mein Tedachs

«Wie steht es derzeit um das seit je spannungsgeladene Verhältnis zwischen der Macht und dem Wort? Bricht die Macht das Wort? Hat sie das letzte Wort? Oder traut sich das Wort noch, der Macht mit einem Machtwort Einhalt zu gebieten?»

So lauteten ein paar der Fragen in dem Schreiben, mit dem ich eingeladen wurde, einen Beitrag beizusteuern für diese Zeitschrift. Auffällig an den Fragen ist ihre Metaphernhaftigkeit und damit das Ausweichen ins Bild und in die Abstraktion. Notgedrungen. Denn was ist ein Wort? «Die Abbildung eines Nervenreizes in Lauten.»
Sagt Nietzsche.

Doch das ist eine Engführung. Denn «die Abbildung eines Nervenreizes in Lauten» muss nicht zu einem Wort führen, ja sie kann es oft gar nicht, etwa dann, wenn ein Kleinkind schreit, wenn ein Betrunkener lallt, wenn ein Sterbender den letzten Atemzug tut.

Das Feld, wo das Wort wirken kann, ist daher notwendig beschränkt.

Dem Wort – wenn es als abstrakter Singular zum existentiellen Bedeutungsträger gemacht wird – wird viel zugemutet, zumal dem Menschenwort, bei dem es sich, in einem schwungvollen Zirkelschluss gedacht, um die Abschattung des Wortes handelt, das im Anfang und das bei Gott war.

Das Feld, wo ein Wort wirken kann, ist notwendig beschränkt, und vor allem muss ein Wort gehört werden. Ich muss dich hören, wenn ich dich verstehen will. Genügen mir dafür die Ohren, oder brauche ich ein hörendes Herz?

Aus Metaphern und Bildern kommen wir nicht heraus. Nichts von dem, was ich sage, schreibe, nichts von dem, was ich als Gedanke bezeichne, ist eindeutig. Ich weiss ja gar nicht, was ein Gedanke ist, und ich weiss im Grunde nicht, was ich sage, wenn ich sage: «Ich denke.» Das Denken ähnelt dem Träumen. Ich bin Zuschauer und kann mittels der Sprache nichts hieb- und stichfest erfassen. Alle Begriffe zerbröseln.

Und das Wort? Die Wörter? Sie zerbröseln nicht. Mindestens nicht sofort. Zunächst einmal bauen wir auf sie. Wir meistern den Alltag mit ihrer Hilfe. Wir reden miteinander, ohne dass wir uns über alle möglichen Bedeutungen der Wörter, die wir verwenden, die wir möglicherweise in rascher Folge aus uns hinausschleudern, auch nur die geringste Rechenschaft ablegen. Wir machen das genauso wie unser Gegenüber.

Dem sagen wir Konversation, Gespräch, Small Talk, Streit, Debatte.

Woher kommen die Wörter? Woher kommt das Wort? Der Geistesblitz, die rasche Folge von Assoziationen, wenn ich in Hochform bin und mich mit meinen Aussagen selbst überrasche?

Am 30. August 1938 notierte Joseph Goebbels in seinem Tagebuch: «Ich lasse mir den Schriftsteller Wiechert aus dem K. Z. vorführen und halte ihm eine Philippica,die sich gewaschen hat. Ich dulde auf dem von mir betreuten Gebiet keine Bekenntnisfront. Ich bin in bester Form und steche ihn geistig ab.»

Wer könnte uns heute eine Philippika halten, die sich gewaschen hat? Die Ehefrau? Der Chef? Ein Ermittler? Der Sohn, die Tochter? Der ewig virtuell zwitschernde Onkel Donald aus Washington? Man muss den Mann ernst nehmen. Nicht, weil er der Präsident der Vereinigten Staaten von Amerika ist, sondern weil er ein Mensch ist, der unser hörendes Herz verdient hat.

Menschen, die uns übel wollen, aus ihrer eigenen Sicht aber etwas Gutes verfolgen – ihr wichtigstes Interesse –, lassen Bomben hochgehen, schiessen aus dem Hinterhalt, wüten mit Kettensägen und Äxten und bleiben nicht selten in ihrem eigenen Blut auf der Walstatt liegen.

Hätten Worte, hätte ein Wort im rechten Moment das verhindern können? Oder hat im Gegenteil ein falsches Wort im falschen Moment, eine ganze Serie unkontrollierter und möglicherweise unkontrollierbarer Nervenreize, die sich in Lauten abbildeten – darunter auch Kampfschreie – eine solche Tat und ihre Vorbereitung erst ermöglicht?

Mit welchem Machtwort wollte ich der gewollt und institutionell ausgeübten Macht entgegentreten?

«Bricht die Macht das Wort?» Auch dies eine der Fragen vom Anfang.

Die Macht bricht das Wort nicht. Vielleicht ihr eigenes. Aber sie kann das Wort des Einzelnen und das Wort, das der Einzelne ist, nicht brechen. Sie kann allerdings den Träger des Wortes zerstören. Das Wort aber kann den Tod überdauern. Dies zeigt der folgende kleine Dialog: «Woher bist du?» Aber Jesus gab ihm keine Antwort. Da sprach Pilatus zu ihm: «Redest du nicht mit mir? Weisst du nicht, dass ich Macht habe, dich zu kreuzigen, und Macht habe, dich loszugeben?» Jesus antwortete: «Du hättest keine Macht über mich, wenn sie dir nicht wäre von oben herab gegeben.»

Wie kritisch ist, wer Angst hat, Angst haben muss?

Wer muss hierzulande Angst haben und vor wem? Machtmissbrauch ist gang und gäbe. Jetzt, wo wir nicht in einer Diktatur leben, ist der Machtmissbrauch sozusagen demokratisiert. Die häusliche Gewalt spielt sich, wie der Name sagt, im trauten Heim ab.

Und wir sehen, wie wichtig es ist, Worte zu finden. Eine Sprache zu finden. Wie wichtig es ist, jemanden zu Aussagen zu ermutigen. Aber kann ich dem, was ich sage, überhaupt vertrauen? Ist nicht alles gleich gültig? Hast nicht du genauso Recht wie ich? Was, ich soll Recht haben? Wie soll ich das beweisen? Ich soll es gar nicht beweisen? Ich soll es nur behaupten? Kann ich meine Erlebnisse bezeugen, mein Leiden, meine Not klar benennen?

Wie Bonhoeffer seinerzeit steil formulieren konnte! Und Karl Barth. Kann man das heute noch? Sie haben ihre Stimme gegen Hitler erhoben. Sie haben eine Bekenntnisfront gebildet. Und Bonhoeffer hat dafür mit dem Leben bezahlt.

War die Welt damals monolithischer, ansprechbarer? Verklingen heute die Worte im Echoraum der Beliebigkeit? Liegt es nur an der Formulierung? Liegt es am Inhalt? Wie kann ich meine Empfindungen zur Sprache bringen? Wie kann ich sagen, was ich fühle, was ich denke, ohne lächerlich zu wirken?

«Ist das kritische Wort im Mainstream der politischen Korrektheit versandet?» So eine andere Eingangsfrage. Zunächst einmal zu ihr als Metapher: In welchem Strom könnte ein Wort denn «versanden»?

Ein Wort, das ein Wort sein kann, muss präzise sein. Es muss treffend sein. Oder es soll einen umschmeicheln, zärtlich berühren, überzeugen, anrühren, elektrisieren …

jolifanto bambla o falli bambla
grossiga m'pfa habla horem
egiga goramen
higo bloiko russula huju
hollaka hollala
anlogo bung
blago bung blago bung
bosso fataka
ü üü ü
schampa wulla wussa olobo
hej tatta gorem
eschige zunbada
wulubu ssubudu uluwu ssubudu
tumba ba-umf
kusa gauma
ba – umf

Eine Blüte der Poesie. Der Macht kann ich kein Machtwort entgegensetzen, aber ich kann die andere Backe hinhalten.

ba – umf

«Das menschliche Gewissen steht zur Besichtigung nicht offen.» Das ist ein Satz von Heinrich Böll. Er stammt aus dem Aufsatz «Kunst und Religion», der 1961 publiziert wurde. Was für eine alte Kamelle! Mag sein. Wer von Ihnen, liebe Leserin, lieber Leser, hat diesen Satz gekannt? Ich habe ihn auch nicht gekannt, aber als ich ihn – zufällig! – entdeckte, beim Stöbern in einem Antiquariat, hat er mich aufhorchen lassen. Ein Satz inmitten vieler Sätze in diesem Buch, das ich in der Hand hielt, inmitten vieler Bücher, von denen ich die meisten beim Stöbern gar nicht in die Hand nahm. Was für Wort-Schätze, Satz-Schätze würden sich in ihnen finden?

Wer hat die Zeit, das Gesamtwerk von Günter Grass neben dem Gesamtwerk von Goethe und Schiller, Ibsen, Dostojewski und Ernst Wiechert, Gottfried Keller, Schopenhauer, Kierkegaard, Nietzsche, Ibsen zu lesen sowie die Briefe Van Goghs, die Memoiren von Churchill, Biografien über Stalin, Mao, Napoleon, Hitler, Grimms Märchen. Selbstverständlich auch Ludwig Wittgensteins Tractatus logico-philosophicus, je eine Gesamtausgabe der Werke von Platon und Sigmund Freud und last, not least den ganzen Shakespeare, die wichtigsten Neuerscheinungen sowie natürlich diese Ausgabe des «Mauerläufers», um nur dieses Wenige zu nennen?

Wir sollten dem Wort gegenüber nicht misstrauisch sein, solange es ein von einem Individuum ernst gemeintes, an unser hörendes Herz gerichtetes, ein gesprochenes oder geschriebnes Wort gibt, ganz egal, von wem es stammt und aus welcher Zeit. Die Macht hat nicht das letzte Wort. Das Wort kann überdauern. Wer aber wird das letzte Wort hören? Wer wird es sprechen?

«Nekräst negibaul geid sum namteflih dnudna mein tedachs! – Schadet niemand und hilfet, man muss die Gläubigen stärken.»

Ernst Wiechert übrigens war einer der meistgelesenen Schriftsteller seiner Zeit. Er blieb es auch, nachdem er von Goebbels zusammengestaucht worden war. 1948 übersiedelte er in die Schweiz. Zuvor hatte er sich standhaft geweigert, Flüchtlinge in seinem Haus einquartieren zu lassen. Er wollte in Ruhe dem Wort frönen. Ernst Wiechert starb in Uerikon am See und ist in Stäfa begraben.

Das Gegenteil des Mainstreams ist das Individuum, der Mensch in der Revolte, in der permanenten Metánoia, in steter Selbstprüfung, in der Weiterentwicklung, im Dienst für den gesunden sowie für den kranken Nachbarn auch.

Und zwar als Zeitgenosse, als einer, der sich zu Wort meldet, der das Wort ergreift und sagt, was er meint, dass gesagt werden muss. Nicht platt gegen den Mainstream. Ausserhalb davon. Neben aussen. Dort, wo er steht und weder anders kann noch will, in aller Ambivalenz.

Peter Schlack

kommt dòher
Liacht en dr Hand
was-r sieht
wenn-rs wiist

schreibt an Briaf
hebt-an uff
woeß net fir wen

mach d Aoga zu
will net schlòfa

will hoem
woeß net
wos isch

stòht romm
will liaber laofa
aber wo nòh

will neggs me säh
ond guckt

oh je

## Von de Hend

Wenn-e maene Hend
mit denne vom Bauer
Horst Straiff en Degerloch
vrgleich
siehn-e
der hòt sae ganz Leba
lang guat zualanga miassa
Mit was i gschafft han
sieht mr net

Conrad Steiner, **Lichtung**, 2014,
Foliencollage, 194x127cm

Dersim Ahmad

# Ich komme von der anderen Seite der Eisenbahn

Im Jahr 1900 hat das deutsche Kaiserreich einen Vertrag mit dem osmanischen Reich geschlossen, um eine Eisenbahn durch das osmanische Reich zu bauen. Der Startpunkt der Strecke war Berlin, sie sollte durch verschiedene europäische Länder führen: durch Österreich, Ungarn und Griechenland bis Istanbul, und von Istanbul nach Ankara, Aleppo und Bagdad bis zum Hafen von Basra am Persischen Golf.

Die Absicht des Projekts war, Europa und Asien zu verbinden, damit das Deutsche Kaiserreich wirtschaftlich mit Frankreich und Großbritannien konkurrieren konnte. Nach dem ersten Weltkrieg wurde diese Eisenbahn von den Franzosen und Engländern als eine trennende Linie betrachtet, das Land nördlich der Eisenbahn wurde als türkisches Territorium und das Land südlich des Eisenbahn wurde als französisches Territorium betrachtet und später Syrien genannt.

Mein Ort Derbessie liegt an dieser Eisenbahn, damals war der Ort ein kleines Dorf mit einigen Dutzend Häusern. Das Dorf selbst wurde durch die Eisenbahn geteilt, der nördliche Teil, wo die Eisenbahn und der Bahnhof sind, liegt in der Türkei und wurde Derbessie ya serxete genannt, in Kurdisch bedeutet das Derbessie oberhalb der Eisenbahn, und der südliche Teil hieß Derbessie ya binxete, also Derbessie unterhalb der Eisenbahn.

Später wurde die Grenze mit einem Zaun und mit Minenfeldern verstärkt.

Als Kind wurde ich oft davor gewarnt, mich der Grenze zu nähern, die Bewohner erzählten übertriebene Geschichten von den Schäfern, die von türkischen Grenzsoldaten getötet wurden und von Kindern, die starben, weil sie mit einer Mine spielten, die der Fluss angeschwemmt hatte, und manche sagten, dass der Zaun unter Strom gesetzt sei.

Alles, was verboten ist, ist anziehend. Ich war eifersüchtig auf meinen Freund, der ein Schäfer war und mit großem Stolz erzählte, dass er den Zaun mit der Hand berührt hat. Trotz aller Warnung von meiner Familie, versuchte ich, mich der Grenze und dem Zaun zu nähern, das erste Mal bis auf 40 Meter, aber dann verließ mich der Mut.

In einer sommerlichen Dämmerung, als ich auf dem Dach des Hauses mit der Familie schlief, wie das alle Syrern machen, hörte ich die Stimme meines Freundes, sprang auf im Bett und sagte zu mir selbst: "Jetzt ist die Zeit gekommen, es ist Nacht, alle schlafen, nun werde ich den Zaun mit meiner Hand berühren."

Damit ich niemanden aufweckte, schlich ich nach draußen, ohne meine Schuhe anzuziehen. Schritt für Schritt näherte ich mich der Grenze, und mit jedem Schritt verdoppelte sich das Adrenalin in meinem Kopf. Was für meinen Freund normal war, weil er jeden Tag seine Herde auf die Weide in der Nähe der Grenze führte, war für mich überhaupt nicht normal. Ich erreichte den Zaun, zögerte, ihn zu berühren, trotz der Ermutigungen meines Freundes, weil in meinem Kopf alle Geschichten waren, die ich von den Leuten gehört hatte. Und dann berührte ich doch den Zaun, und es passierte nichts. In einer Mischung aus Angst und Triumph rannte ich barfuß nach Hause, wie ein Verbrecher, der den Ort seines Verbrechens so schnell wie möglich verlässt.

Beim Frühstück flüsterte ich meinem älteren Bruder zu: "Ich war an der Grenze und habe den Zaun berührt, aber er ist nicht unter Strom gesetzt.“ Mein Bruder antwortete: "Ich weiß. Du bist der einzige im ganzen Dorf, der an die Geschichte mit dem Strom noch glaubt.“

Meine Mutter, die mich immer davor gewarnt hat, mich der Grenze zu nähern, bat mich 2013 darum, die Grenze zu überschreiten und zu fliehen, weil sie, wie alle syrischen Mütter, Angst um ihre Kinder hatte.

Und dann stand ich wieder an der Grenze, am Zaun, und wieder war es wie eine Mutprobe, aber dieses Mal war ich nicht allein, sondern mit Dutzenden anderer Menschen, die vor ihrem Schicksal flüchteten, Frauen, Kinder, Alte, alle warteten in der Dunkelheit auf das Signal des Schleusers.

Zuerst sollten wir über den Zaun springen, dann die Schienen überqueren, anschließend durch einen Bach waten und ohne Schuhe über das Minenfeld laufen. Das Minenfeld war der letzte und gefährlichste Punkt, bevor wir in Sicherheit waren. Wir mussten einen schmalen Pfad hintereinander herlaufen, ein falscher Schritt wäre unser Ende gewesen. Nachdem wir das Minenfeld durchquert hatten, kam eine Patrouille der türkischen Armee, und wie eine Schafsherde, die von einem Wolf attackiert wird, rannten die Menschen in alle Richtungen; viele wurden festgenommen, die meisten waren Frauen und alte Menschen. Ich lief acht Kilometer barfuß, bis ich in Sicherheit war. Während des Rennens erinnerte ich mich an mein barfüßiges Rennen, als ich mit sieben Jahren in der Nacht den Zaun mit der Hand berührt hatte. Wie konnten zwei Vorgänge in einem Leben so ähnlich und zugleich so verschieden sein, mein barfüßiges Rennen nach Hause und mein barfüßiges Rennen weg von Zuhause, ins Unbekannte.

Wenn ich die Nachrichten über Opfer an der Grenze und in den Minenfeldern lese, begreife ich, dass die übertriebenen Geschichten, die die Menschen in meinem Dorf erzählt hatten, eine Warnung vor dem Tod war, der auf sie und ihre Kinder an der Grenze wartete, sie sahen ihn voraus, konnten ihn aber leider weder beschreiben noch vermeiden.

Jede Woche werden von den Grenzsoldaten und den Minen neue Opfer getötet, die Soldaten sind wie Krokodile, die auf Beute warten. Immer noch flüchten jede Woche Menschen aus einem harten Leben in einen leichten Tod, flüchten von der Möglichkeit des Todes in den Tod, der sich im Boden versteckt und geduldig auf das nächste Opfer wartet.

Jochen Kelter

# Irrfahrten, Irrwege

## Binjam, Hassan, Maebel, Mustafa und die anderen: Flüchtlinge in der Schweiz

Anfang 2016 fing ich in der Lernwerkstatt der Thurgauer Flüchtlingshilfe in Kreuzlingen an, einmal pro Woche Deutsch zu unterrichten. Einige Wochen zuvor hatte ich zufällig einen alten Bekannten auf der Strasse getroffen, den Präsidenten der „Arbeitsgruppe für Asylsuchende Thurgau" (AGAThu), über die ich in der Zeitung gelesen hatte, und ihn ein wenig ausgefragt. Ich war, auch weil ich über die nötige Zeit verfügte, der Ansicht, die Zivilgesellschaft müsse sich in der Flüchtlingsfrage, also einem gesamtgesellschaftlichen Problem engagieren, da der Staat nur zögerlich und bürokratisch eingreift. Gelernt habe ich seither: Aus der Zivilgesellschaft, die von den Behörden, in der Flüchtlings- wie vermutlich in anderen Fragen, als lästig betrachtet wird, kann man, wo man konstruktiv und kompetent in der Sache argumentiert, durchaus Druck ausüben.

Aber nun sass ich erst einmal in den Räumlichkeiten bei den Bahngleisen nahe der Grenze, die aus einem PC-Raum, einem Spielzimmer für Kinder und Mütter und einem grossen Café bestehen, in dem auch Versammlungen und Unterricht stattfinden, und versuchte, Kleingruppen von jungen Männern aus Somalia, Afghanistan und Eritrea Deutsch beizubringen. Ich habe in früheren Jahren auf Gymnasial- und Hochschulstufe unterrichtet, auch ein paar Jahre in einem Industrieort nicht weit von der Schweizer Grenze eine Schreibwerkstatt geleitet, als das noch nicht Mode oder Auskommen für Autoren war, in der es weder Gymnasiasten noch Studenten oder Akademiker gab. Jetzt aber arbeitete ich mit bunten Kärtchen, auf denen Gegenstände abgebildet waren, mit Lehrmaterial, das häufig aus Deutschland stammte, also nicht immer geeignet war und das wir uns selber aus dem Internet luden, oder den Lehrbüchern, die die Schüler aus ihren Gemeinden mitbrachten, wo sie mit Glück zwei Stunden pro Woche unterrichtet werden. Die Gemeinden zahlen, also bestimmen sie. Da gab es zum Beispiel in einem Lehrbuch für Fremdsprachige eine Geschichte von drei Jugendlichen, die ein Wochenende in London verbringen, vom trendigen East End über Covent Garden bis St. Paul's, wenig hilfreich für Jungs, die kaum wissen, wo London oder Berlin liegen und, vielleicht nach Khartum oder Tripolis, als erste Grossstadt in ihrem Leben Zürich gesehen haben.

Die Jungen kleiden sich zwar wie die unseren, haben Smartphone und

Christine Koch, Lebenslauf unbeschrieben, 2016, 170x150x40cm, Linde, Transportrollen, Foto: Frank Müller

Whatsapp. Aber die kulturellen Gräben sind abgrundtief durch Sitten, Sprache, Gesellschaftsstruktur und kulturelle Kenntnisse. Sie wissen nicht, wohin der Rhein fliesst, wo Syrien liegt und Asien beginnt. Sie kennen die Geschichte ihrer Herkunftsregionen so gut wie nicht, sie haben keine Ahnung von Syntax, Semantik, Morphologie, ich kenne ihre semitischen Sprachen nicht, deren Schrift, Arabisch oder Tigrinja, mir fremd ist. Sie haben die lange, gefährliche und teure Reise zu uns hinter sich, und ein Teil erwartet den Rest nun von uns. Ein grundlegendes Missverständnis. Wir haben nicht auf sie gewartet, und manche glauben, hier flössen Milch und Honig. Dabei fliesst nur der Verkehr schneller, der Alltag ist durchstrukturiert und vom kapitalistischen Arbeitstakt bestimmt. Sie haben auch keine Kenntnis von diesem Alltag, haben jenseits ihrer Smartphones keine Ahnung von der Digitalisierung, von Arbeitsteilung, den mittlerweile neuen Berufen, kennen aber auch die traditionellen Berufe wie Pfleger, Verkäufer, Fliesenleger oder Chauffeur nicht wirklich. Alle möchten am liebsten Automechaniker werden, ein Beruf, der durch den Mechatroniker ersetzt worden ist, für den man also Informatikkenntnisse benötigt. Und natürlich gibt es Unterschiede zwischen den Herkunftsländern. Afghanen etwa lernen – wegen der Schulbildung daheim? Ich weiss es nicht – schneller Deutsch als etwa Somalier und Eritreer (die drei Nationalitäten bilden den Hauptteil unserer Klientel), aber auch Mathematik und die Grundlagen von Geometrie, Voraussetzungen für eine Anlehre oder gar Lehre. Nicht vergessen darf man, dass viele durch ihre in der Regel lange und strapaziöse Reise nach Europa unter somatischen oder psychosomatischen Störungen leiden, deren Ursache ihnen oft gar nicht bewusst ist. Und sie müssen mit dem zum Teil gewaltigen Erwartungsdruck fertig werden, der von daheim auf ihnen lastet. Die Familie, der Clan haben sich oft hoch verschuldet, um das Geld für die Flucht zusammenzubringen, und erwarten nun, dass die, die sich auf den Weg gemacht haben, bei uns ihren Weg machen, ohne sich vorstellen zu können, welch ungeheure Anstrengung das für diese bedeutet.

Ein anerkannter Zürcher Jugendpsychologe, der schon lange und viel mit Flüchtlingen arbeitet und einen ungeschminkten Blick auf sie besitzt, hat im Frühjahr dieses Jahres den Vorschlag gemacht, die Schweiz solle sich mit einem Selektionssystem im Herkunftsland die jungen Leute aussuchen, die für eine berufliche und soziale Integration geeignet erscheinen. Sie könnten dann legal einreisen, so würde den Schleppern das Handwerk gelegt, aus Flüchtlingen würden Auszubildende, denen eine lange und gefährliche Reise erspart bliebe. Die Familien würden 1.000 oder 2.000 Franken an die Ausbildung bezahlen, also weniger als den Preis der Schlepper, und die Schweiz könne erhebliche Sozialhilfekosten sparen, gleichzeitig dem Arbeitskräftemangel begegnen und trüge zur Linderung der Not in den Entwicklungsländern bei. Auf den ersten Blick kein schlechter Vorschlag.

Nur: Wer würde die Jugendlichen und nach welchen Kriterien auswählen? Leistungs- und Anpassungsfähigkeit in unserer auf Leistungsoptimierung, Belastbarkeit ausgerichteten Gesellschaft dürften nicht die ausschliesslichen Kriterien sein. Wie würden soziale Intelligenz, Empathiefähigkeit und Fantasie bewertet und von wem? Und schliesslich kennt beispielsweise Eritrea keine legalen Ausreisen aus seinem Staatsgebiet. Und welche Staaten würden eine solche Selektion zulassen, die sehr gut einfach auf einen „brain drain" hinauslaufen könnte? Ein solches Ausbildungsprogramm würde sich wohl eher in der Entwicklungshilfe anbieten als für die Aufnahme von Fluchtwilligen.

Nicht geklärt wäre auch die Frage, wer die Ausbildung an die Hand nähme und das Geld der auszubildenden jungen Afrikaner oder Asiaten erhielte. Der Bund, die Kantone, die Gemeinden? Denn es geht unseren Politikern und Behörden immer zuvorderst ums Geld. Heutzutage werden die Kosten vom Bund an die Kantone erstattet, die vor allem um Kostenneutralität in ihren Abschlussrechnungen bemüht sind. Die Gemeinden im Thurgau lassen sich ihre sehr unterschiedlichen Leistungen vom Kanton bezahlen. In St. Gallen übernehmen die Gemeinden möglichst viele Leistungen wie Gemeinschaftsunterbringung und Integrationskurse, um damit selbst Geld zu verdienen.

Nachdem ich eine Weile einer kleinen Gruppe Eritreer versucht habe, rudimentäres Deutsch beizubringen, habe ich Anfang Februar dieses Jahres eine "Patenschaft" für F., einen jungen Eritreer übernommen, der gerade 19 Jahre alt geworden war. Wenige Tage später, am 6. Februar dieses Jahres, bekam er vom Bundesamt für Migration (SEM) aus Bern einen abschlägigen Bescheid auf seinen Asylantrag. Er geriet in Panik und tauchte unter. Wir konnten ihn ein paar Tage später in Norddeutschland orten. Die deutsche Polizei hatte ihn im Zug erwischt und in ein Empfangszentrum gebracht. Wir konnten ihn schliesslich überzeugen, dass seine einzige Chance darin bestünde, in die Schweiz zurückzukommen, da er sonst hier als untergetaucht gemeldet und durch das Schengen-Abkommen aus Deutschland zurückgeschafft würde und hier keine Chance mehr auf Rekurs gegen seinen negativen Bescheid hätte. Wir schickten ihm per Handy ein Ticket für den Fernbus, der ihn von Bremen mit möglichst wenigen Halteorten zurück an die Grenze in Konstanz brachte. Am 9. März legte der Anwalt des HEKS, des Hilfswerks der Evangelischen Kirchen, innerhalb der Frist von 30 Tagen Beschwerde beim Bundesverwaltungsgericht in St. Gallen ein.

F. war ein Jahr lang in Äthiopien, dem Sudan, in Libyen, auf dem Mittelmeer, wo das Boot von der italienischen Marine aufgebracht wurde, und in Italien unterwegs und hat auf seiner Reise mehrfach Gefängnisse und Gewalt in verschiedenen Ländern kennengelernt. Er ist am 29. Juli 2015 in Sizilien angekommen, am 3. August in Chiasso - er sagt, er habe immer in die Schweiz gewollt -, hat am 4. August als allein reisender Minderjähriger (sogenannter UMA) einen Asylantrag gestellt, hatte seine erste Befragung am 25. August (bei Minderjährigen muss diese gesetzlich rasch erfolgen) und seine zweite am 15. Dezember 2015 in Bern. Nun also läuft sein Rekurs. Seit Mitte August darf er viermal in der Woche auf Kosten seiner Wohngemeinde einen erst in diesem Sommer angelaufenen Integrationskurs des Kantons besuchen. Er blüht nach zwei Jahren nutzlosen Wartens auf, will lernen und hat nun einen strukturierten Tagesablauf und engagiert sich auch in der Gemeinde. Ich wünsche ihm, dass er aufgrund seines Lernwillens und seiner Anpassung an seine soziale Umgebung bleiben darf. Sicher ist das nicht. Den Status als anerkannter Flüchtling wird er nicht bekommen, die Justiz hat ihren Kurs gegenüber Eritreern seit Anfang des Jahres drastisch verschärft. Also muss er hoffen, als vorläufig Aufgenommener (VA), den man aus humanitären Gründen nicht zurückschicken kann, bleiben zu können.

Wenn sie effektiv und auch langfristig Kosten sparen wollen, sollten sich die Behörden endlich dazu aufraffen, mit der Integration von Asylbewerbern sofort bei Betreten des Landes zu beginnen, und die Asylverfahren, aber das kostet natürlich Geld, drastisch verkürzen, statt Sozialhilfeempfänger zu produzieren (wie es heute 80% der über 26.000 Eritreer sind). Aber selbst dann und trotz Unterstützung durch Fachleute und Freiwillige muss in der Politik rasch ein Umdenken einsetzen, und dafür sind auch Öffentlichkeit und Medien gefordert. Es kommen schon längst nicht mehr nur Flüchtlinge aus Kriegsgebieten (vor allem Afghanen und Syrer); in die Schweiz kommen vor allem junge Männer aus Eritrea, Äthiopien, Somalia (in denen teils Bürgerkrieg, teils Dürre und Hunger herrschen). Sie kommen, weil sie daheim keine Perspektive für ein besseres Leben haben. Und sie werden weiter nach Europa kommen trotz zeitweise blockierter Land- und Seewege. Und zwar solange der Westen, Europa und also auch die Schweiz ihre Politik gegenüber den Ländern des Südens nicht ändern. Sie mit nutzlosen Entwicklungsprojekten und Hilfsgeldern beglücken, die bei den korrupten Eliten versickern. Solange sie zu völlig unfairen Freihandelsvereinbarungen gezwungen werden, wie das die EU mit verschiedenen Regionen Afrikas getan hat. Sie werden mit billigem Hühnerfleisch und subventionierten Agrarprodukten zugeschüttet, die ihre Bauern in den Ruin treiben, ihre Küsten werden leergefischt, und ihre Rohstoffe von Kaffee über Kobalt bis zu Diamanten werden geplündert, eine konkurrenzfähige und nachhaltige Industrie kommt auf diese Weise gar nicht zustande. So sieht die ökonomische Wirklichkeit aus, gegen die keine noch so grosse Hilfsbereitschaft ankommt.

Siehe dazu auch das Nachwort auf S.174

Hanspeter Wieland

# Refugees & Dissidenten

Die maßgeblichen Kreise haben sich beehrt, ihren unmaßgeblich-abseitigen System-Dissidenten, die oft ihr Leben lang gegen den Strom geschwommen sind, eine Aufgabe zu stellen, die heißt: „Welcome Refugees“. Die Dissidenten reagieren ja darauf wie Pawlowsche Hunde!
Weil sie sind so konditioniert, können nicht anders, als stets auf die Seite sich zu schlagen, wo die Schwachen, Armen sind und die Flüchtlinge auch. Und also müssen sie in den Ankömmlingen ihre eigene Not erblicken, die sie ein randständiges Leben lang zu Fremden gemacht hat im eigenen Land. Was sie aber aus freiem Entschluß auf sich nahmen, um ihrer jeweiligen Empfindungen von Gerechtigkeit, Freiheit, Brüderlichkeit und Schwesterlichkeit willen.

Und nun muß also kommen, was kommen muß. Die neu Hinzugekommenen haben kaum eine andere Option, als daß sie an einer Lebensweise teilnehmen können, gerade derentwegen Dissidenten in ihre selbstgewählte Isolation gegangen waren.
Das ist bitter.

Sind es Gesichte, die mich ängstigen?
So sehe ich es jeden Abend: die großen, hübschen, schwarzen Bengel, an denen alles, was sie nach der Mode anziehen, so natürlich und gut aussieht. Wie sie am Busbahnhof herumstehen, wo erst gestern so ein kleiner, eingeborener, buckliger alter Kerle mit hängendem Schnauzbart, und Rucksack auch noch obendrauf auf dem Buckel, an sie herantritt, ihrem Wortführer eine schief geratene Aufwartung macht von der Art, daß sein Meister sei gekommen und der möchte mit den Seinigen in unserer schönen Stadt Quartier nehmen?

Mein Meister ist da.

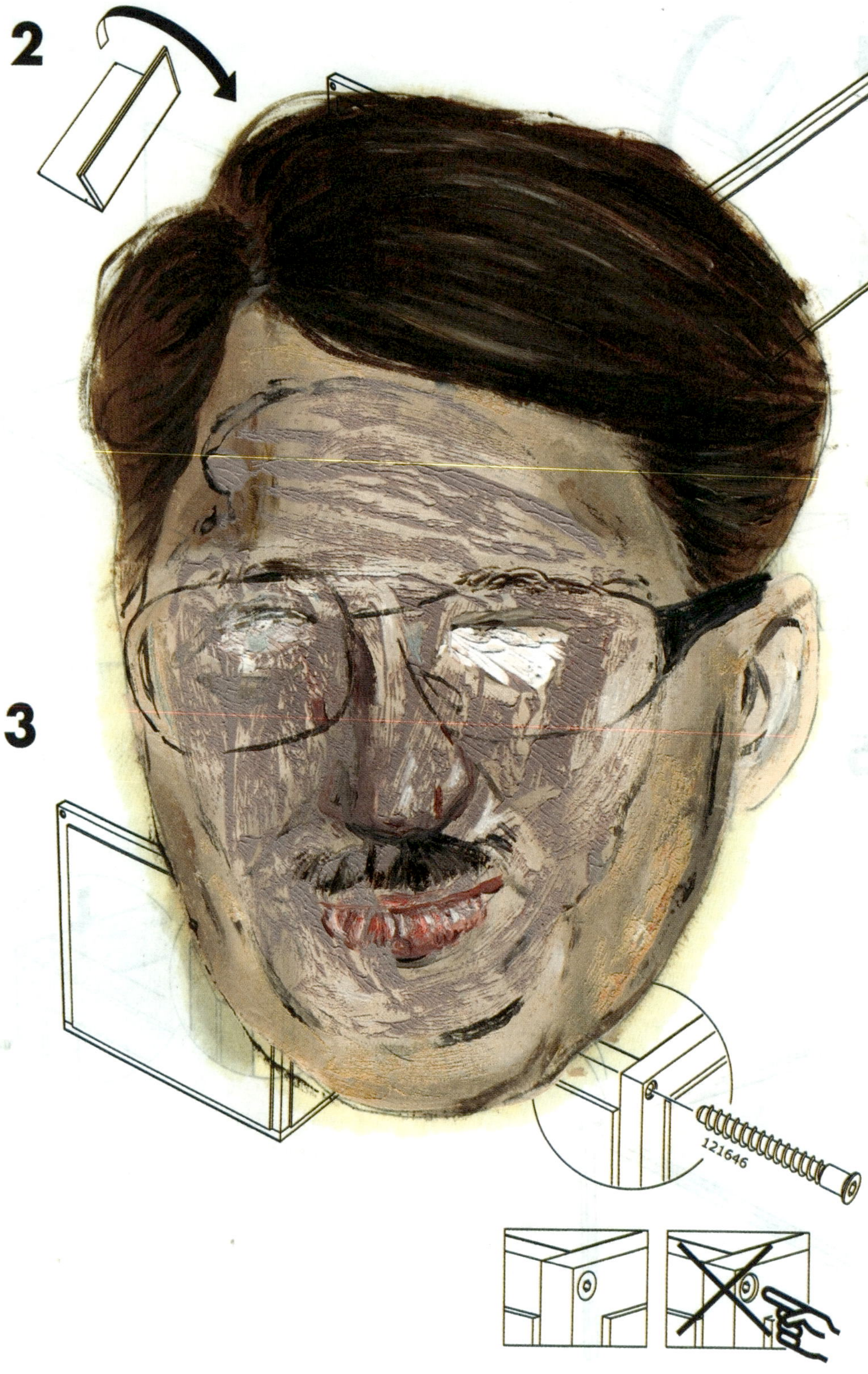




Michael Günzer / untitled (Bauanleitung) 2018

# ein häß-
# liches
# Quiet-
# schen ④
# bei
# scharfen
# Wen-
# dungen

Nach der reichen Kirschenernte im Kriegsjahre 1917. — Briefträger der Gemeinde Egnach, Kt. Thurgau, vertragen die leeren Körbe.

Sammlung Stefan Keller:
Briefträger mit leeren Kirschenkörben
in Egnach TG (Zeitungsfoto von 1917)

Kellers Geschichten

# Kirschenpost

Als die junge Frau in die Ostschweiz geheiratet hatte, erhielt sie von ihren Brüdern regelmässig Post. Es waren Nachrichten aus dem Bernbiet, Bauernbriefe, die von der Arbeit erzählten. Wenn immer möglich wurde etwas Essbares mitgeschickt.

«Möchten Euch hier noch einmal ein Körbli Kirschen senden», heisst es einmal, «tut uns leid, dass es nicht mehr sind, aber wir sind gegenwärtig in einer misslichen Lage. Wie Ihr wohl wisst, ging am Montag unser Melker mit Familie fort und tagsdarauf verunglückte der Karrer, indem er zwei Finger an der rechten Hand abmachte bei der Mühle, als er den Motor abgestellt hatte, langte er mit der Hand in die Mühle und meinte, sie stehe still, aber fort waren die Finger, kannst unseren Jammer denken, die Ernte vor der Thür und keine Leute.»

Meist war es eine Schwägerin, die solche Briefe schrieb. Stets unterzeichnete sie mit dem Namen des Mannes zuerst. «Mutter ist den ganzen Tag auf den Kirschbäumen. Wills Gott fällt sie nicht herunter, ist doch niemand da zum Kirschenpflücken als Mutter und ich. – Erhaltet unsere herzlichsten Grüsse: Paul, Grittli m. Kindern.»

Die Blätter steckte sie in einen gebrauchten, schon einmal verwendeten Umschlag, strich die alte Adresse durch und legte ihn oben auf die Kirschen. Der Korb wurde mit Sacktuch zugenäht, der Karrer nahm ihn zum Bahnhof mit, wenn er wegen der Hand ohnehin den Doktor aufsuchen musste.

«Unsere Lieben! In aller Eile ein paar Kirschen. Unten sind etwas Sauerhähner für Confituren. Können nichts machen als vom Morgen bis Abend: Kirschen. Sind bald die letzten. Was macht Ihr immer?» – «Unsere Lieben! Hier ein paar Kirschen, hoffentlich kommen die Früchte einigermassen gesund an. Das schlechte Wetter der letzten Tage hat ihnen schon arg zugesetzt, es ist schade!»

Die Frau in der Ostschweiz erhielt die Sendung vom Spediteur des nächsten Bahnhofs frei Haus geliefert. Sie kochte ein, füllte Einmachgläser für manchen Winter. Die Körbe schickte sie schnell zurück, voll bis zum Rand mit Lindenblüten, obendrauf lagen Briefe, die heute verloren sind.

Stephan Alfare

# Neuneinhalb Finger

Aus einem Roman

**Nachdem der bullige** Mann in der Lederjacke aufgestanden war, durch Biertische und Bierbänke, über die Tanzfläche nach vorn zum Podium gedrängt hatte, wechselte er dort mit dem Sänger der Tanzband ein paar Worte, drückte ihm etwas Unsichtbares in die Hand und schloss dem Mann die Hand zur Faust. Der Sänger schrie dem Keyboarder einen Satzbrocken ins Ohr, der Mann an den Tasten spielte das Intro, Gitarre, Bass und Schlagzeug setzten gleichzeitig ein. Der Sänger führte das Mikrofon an den Mund und imitierte Murray Heads Sprechgesang.

– Bangkok, oriental setting. But the city don't know, what the city is getting. The creme de la creme of the chess world in a show with everything but Yul Brynner ...

Als der **bullige** Mann zurückkam, brachte er ihr einen Plastikbecher Rotwein mit. Sie lächelte; sie neigte den Kopf und bedankte sich mit einem Wai. Sie bedankte sich schon den ganzen Abend lang. Der Wein schmeckte ihr nicht besonders, doch sie wollte nicht abweisend sein, denn der Mann hatte sich ihretwegen und, ohne dass sie etwas davon gewusst hatte, dieses Lied gewünscht, das sie als Mädchen so sehr gemocht hatte. Sie war eine gute Makrukspielerin gewesen damals, Makruk, das thailändische Schach, mit einem Kun als Anführer, einem Boot, einem Rua, anstelle des Turms und einem Ma, einem Pferd, als Ersatz für den Springer; etwa ein Jahr später wollte sie nur noch weg von zu Hause, wünschte sich in die weite Welt hinaus.

– ... One night in Bangkok and the world's your oyster, the bars are temples but their pearls ain't free. You'll find a god in every golden cloister, and if vou're lucky then the god's a she. I can feel an angel sliding up to me ...

– Möchten Sie tanzen?, fragte der Mann. Ich würde gern mit Ihnen tanzen.

Sie sah zum Nachthimmel empor und sah die Sterne tanzen. Wie anders das alles aussieht ... und sie dachte an eine bestimmte Nacht in einer Hotelbar im obersten Geschoss eines Wolkenkratzers und den Blick hinauf zum Sternenhimmel über den Dächern von Bangkok. Aber sie wollte nicht tanzen.

Michael Günzer / untitled (Bauanleitung) 2018

Sie spürte eine weiche Melancholie, etwas, das sie ein wenig traurig stimmte, und sie spürte auch, dass sie allmählich betrunken wurde.

Der Mann rückte seine Lederjacke zurecht, die er auf dem nackten Oberkörper trug, erhob sich, um seinen Freund zum Tanzen aufzufordern; dabei stieß er ihren Plastikbecher um, der verschüttete Wein tropfte wie dunkelrote Künstlerfarbe vom rohen Holztisch in den Staub des Straßenpflasters.

Als der Mann ihn unter den Achseln packte und hochwuchtete, fuchtelte der Behinderte mit den Armen durch die Luft; die Krücken, die an der Bank lehnten, stürzten scheppernd zu Boden; von überallher sahen Menschen zu. Die Tanzband spielte jetzt Rock 'n' Roll, und der bullige Mann hielt den Behinderten wie einen willenlosen Hampelmann oder eine Rupfenpuppe in beiden Händen und schwang ihn im Takt des Rock 'n' Roll durch den späten Abend; ihr schien, als stöben trunkene Leuchtkäfer auseinander. Der Kopf des Behinderten schlenkerte hin und her, das rote Tuch löste sich; wie ein Teil eines phosphoreszierenden Rieseneis schimmerte seine bleiche Schädelkuppe im Schein der bunten Lichterkette, die Narbe unter dem linken Auge erinnerte sie an eine junge, verwundete Ur-Schlange; und dann sprang plötzlich die gläserne Prothese wie ein träger Laubfrosch zwischen den Augenlidern des Behinderten hervor, hüpfte auf die Pflastersteine hinunter und zerbrach.

Anderthalb Stunden später unterhielten sie sich über deutsche Literatur. Sie sprachen sehr laut, um die Tanzmusik zu übertönen.

– Können Sie mir sagen, wo die anderen sind?, fragte sie zum ersten Mal. Thilo Mahlke. Dieser Herr aus Hannover, der ja ein bekannter Schriftsteller ist.

– Keine Ahnung, wo der Rest geblieben ist. Ist eben kein Verlass auf diese Künstler. Ist Ihnen ein Schriftsteller nicht genug?, fragte der bulli-ge Mann.

Sie verstand seine Frage nicht.

– Mein Freund hat sieben Bücher veröffentlicht, sagte der Behinderte.

– Sie sind Schriftsteller? Interessant.

– So ist es, sagte der Mann.

Sie wollte noch einmal seinen Namen wissen. Der Mann nannte ihn; sie hatte von einem Schriftsteller namens Töffels noch nie im Leben gehört oder irgendwo gelesen. Er sah sie erwartungsvoll an. Sie reagierte, indem sie die Augen niederschlug, weil sie ihn nicht brüskieren wollte.

– Sie werden bereits von mir gehört haben, da bin ich mir ganz sicher, sagte der Mann.

Es tat ihr längst leid, dass sie über ihr Studium und die Arbeit im Goethe-Institut gesprochen hatte.

– Mein Freund hat sieben Bücher veröffentlicht, sagte der Behinderte zum zweiten Mal.

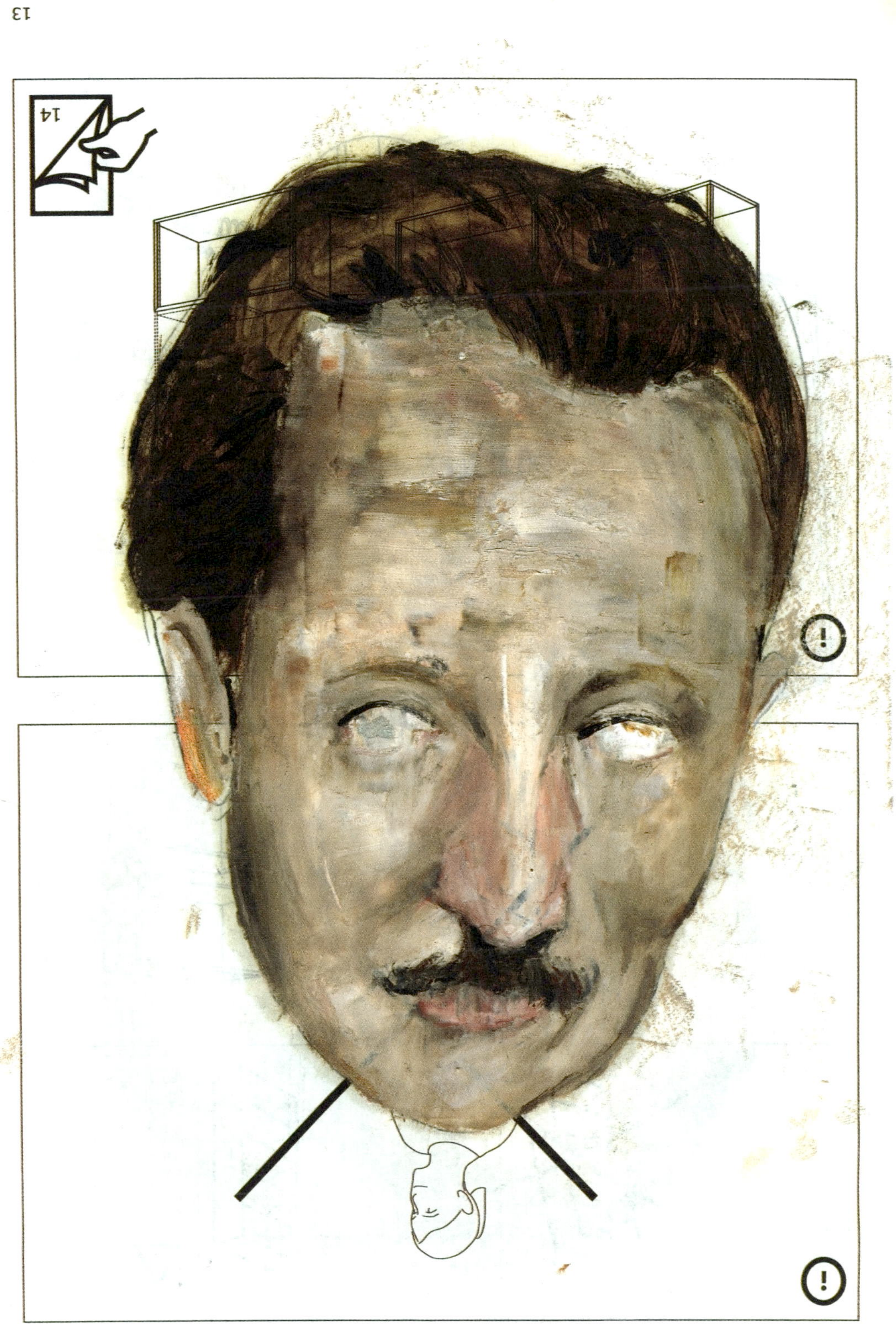


Michael Günzer / untitled (Bauanleitung) 2018

Absichtlich lügen konnte sie nicht, ebenso wenig wie sie mit Absicht die Wahrheit sagen wollte. Sie wandte sich dem Behinderten zu. Es war hell genug, um die verschrumpelte Haut zu sehen, die eingesunkenen Lider, an der Stelle, wo sich die Augenprothese befunden hatte. Er wiederholte den Satz ein drittes Mal.

– Mein Freund hat sieben Bücher veröffentlicht.

Sie sagte:

– Die deutschsprachige Literatur ist ein weites Feld.

– Ein weites Feld?, sagte der bullige Mann. Denken Sie an diesen Roman von diesem schnauzbärtigen Deutschen? Vergessen Sie ihn. Was halten Sie von meinen Büchern?

Der Unterkiefer des bulligen Mannes fing zu zittern an.

– Hast du das gehört? Die Dame kennt meinen Namen nicht. Na, so was.

Seine Augen waren nun wie aus kaltem Metall, zornig und weit aufgerissen, als wollten sie wie die Augenprothese seines Freundes aus den Höhlen hervorspringen; sein Gesicht schwoll an. Sie dachte im Augenblick an einen Anfall, einen epileptischen womöglich, dass der Mann in der nächsten Sekunde zu Boden stürzen könne. Aber er war nur wütend, entsetzlich wütend.

– Und Sie wollen Expertin auf dem Gebiet der deutschsprachigen Literatur sein? Mir schmeckt das Bier nicht mehr in Ihrer Gegenwart, ich will Ihnen nicht länger zuhören. Vámonos. Steh auf, Amigo. Wir verschwinden.

Die zwei Männer erhoben sich. Der bullige nahm die beiden halbvollen Becher mit Bier, der andere stützte sich auf seine Krücken. Sie ließen sie allein zurück, mit ihrem Becher Rotwein, an dem langen, verwaisten Biertisch. Erst später, nach und nach, setzten sich andere Festbesucher dazu.

Sie hatte zu viel getrunken, das spürte sie nicht erst, als sie unterwegs zum Gutshof war. Der Ort war nicht groß, dennoch verlor sie im Finstern die Orientierung. Sie marschierte einfach drauflos, obwohl sie nicht wusste, ob der Weg, den sie eingeschlagen hatte, der richtige war. Als sie irgendwann umdrehen und zum Festplatz zurückkehren wollte, um jemanden um Hilfe zu bitten, kam sie zu einer Bushaltestelle, an die sie sich zu erinnern glaubte, und beschloss, sich ein wenig auszuruhen und vielleicht nüchtern zu werden.

Eine verwitterte Hütte aus Holzlatten, darin gab es eine Bank; kein Mensch weit und breit, auch keine vorbeifahrenden Autos. Mit aneinandergepressten Knien saß sie auf dieser Bank, in die Namen und Telefonnummern und von Pfeilen durchstochene Herzchen samt Liebesschwüren geschnitzt waren; sie wurde unruhig und bereute zum ersten Mal, dass sie vor Jahren das Rauchen aufgegeben hatte.

Aus der Richtung, aus der sie gekommen war, hörte sie das Motorgeräusch eines Autos, das sich näherte und dann erstarb. Ein Wagen hatte ein Stück weiter vorn geparkt, die Scheinwerfer erloschen, Wagentüren schlugen zu. Er tauchte aus dem Nichts auf, aus der Stille und der Dunkelheit. Er stand im dämmrigen Licht der Straßenlampe schräg über dem Haltestellenhäuschen. Dann vernahm sie das Geräusch des Gummis auf dem Asphalt, den Takt, den die Krücken schlugen, weil der zweite Mann der langsamere war. Sie rührte sich nicht von der Stelle; sie blieb sitzen, aufrecht und wie aus Eis, die flachen Hände auf den Oberschenkeln. Die beiden Männer waren nicht gekommen, um ihr den Weg nach Hause zu erklären oder sie dorthin zu begleiten. Von den Männern ging nichts Gutes aus. Das entstellte Gesicht des Behinderten, die schwarze Augenklappe, das Tuch um seinen Kopf, nicht mehr feuerrot, sondern in der Farbe von dunklem Blut im Schummerlicht, jagten ihr Angst ein. Der bullige Mann grinste.

Ein Pritschenwagen rollte langsam vorüber. Sie fröstelte; beim Bewusstsein, dass sie völlig schutzlos war, ausgeliefert an einer Bushaltestelle im Nirgendwo, lief es ihr kalt den Rücken herunter.

– Schauen Sie, sagte der bullige Mann, wenn Sie mir jetzt eine verpassen wollen, werde ich Sie nicht aufhalten.

Er öffnete den Schlitz seiner Hose und holte seinen Penis hervor.

– Haben Sie Ihnen an der Universität beigebracht, wie man mit so was liebevoll umgeht?

Sie rückte zur Seite, so rasch sie konnte; er trat einen Schritt näher heran, noch einen Schritt. Schließlich setzte er sich neben sie. Steif wie ein Brett rutschte sie bis ans Ende der Bank. Sein schlaffes Glied, das zur Hose heraushing, kam einer kleinen braunen Krabbe gleich. Er rückte nach, nahm ihre Hand und legte sie auf sein Geschlechtsteil. Eigentlich wollte sie aufspringen und in die Nacht rennen, aber sie war unfähig, irgendeine Reaktion in Gang zu bringen; der Schock und ein ungeheurer Ekel hatten sie versteinert, sie brachte keinen Ton heraus. Wie lange blieb ihre Hand dort liegen, bevor sie sie schnell wie ein Pfeil, als habe sie sich die Finger verbrannt, zurückzog?

Aus den Augenwinkeln sah sie, wie der Mann seinen Penis zu reiben begann. Er raunte ihr zu, dass sie bestimmt einen Platz fänden, wo sie es gemütlich hätten, ein lauschiges Plätzchen, und er erkundigte sich, ob sie sich auskenne auf dem Gebiet der Körpermassage.

Als er sie dann fragte, ob sie verheiratet sei und wie viel ihr Mann für sie bezahlt habe, spürte sie, wie eine brennende Übelkeit in ihr aufstieg, und sie erbrach sich. Das Erbrochene war flüssig, mit Schaumbläschen darin, die nicht zerplatzten; sonst hatte es dieselbe Farbe wie das Tuch um den Kopf des Behinderten, der inzwischen genauso auf der Bank saß, sich ihr zugewandt hatte und unablässig mit einer Handykamera fotografierte.¶

Peter Salomon

# Vorteile der zweiten Klasse

Natürlich sind wir früher alle zweiter Klasse gereist. Als Schüler und Studenten sowieso und in den ersten Berufsjahren auch noch. Schon in der Referendarzeit begann es, daß manche erster Klasse fuhren. Man verdiente schon etwas, und es wurde von Jahr zu Jahr mehr. Man war ruhebedürftiger geworden. Zweite und erste Klasse unterschieden sich kaum durch Dinge des Komforts. Es gibt ein bißchen mehr Beinfreiheit, die Sitze sind wenig breiter, und es ist bißchen sauberer. Vor allem ist es der Preis, der den Unterschied macht. Er bewirkt eine Selektion des Publikums. Familien mit Schrei-Babys, Bauarbeiter, Arbeitslose, „sozial Schwache", alberne Schüler, disputierende Studenten – sie alle werden durch den höheren Preis der ersten Klasse abgeschreckt. Es ist nicht so voll und ruhiger als in der Zweiten. Seit ich vor vielen Jahren aus Bequemlichkeit mein Auto abgeschafft habe, fahre ich auch Erster.

„Vermißt Du denn gar nicht die smarten Jungens?" fragte Rolf mich einmal. Rolf ist ein alter Studienfreund, heute Richter am OLG Stuttgart, Gummifetischist; er fährt aus Voyeurgründen immer Zweiter. „In der Zweiten hat man doch was zu kucken. Du hast doch immer die hübschen Assi-Boys mit dem hungrigen Blick geliebt. Ich würde mich in der Ersten langweilen mit den Business-Typen und Rentnern."

Da hatte er Recht, scharfe Anblicke konnte man in der Ersten nicht erwarten.

Einmal im Jahr fahre ich von Konstanz am Bodensee nach Wangen im Allgäu. Das ist eine etwas umständliche, aber doch schöne kleine Reise. Zuerst fährt man von Konstanz bis Radolfzell mit dem RegionalExpress. Dort steigt man in den InterRegioExpress nach Lindau. Dieses Teilstück führt direkt am nördlichen Bodenseeufer entlang und bietet Naturblicke. In Lindau ist eine Stunde Aufenthalt. Wenn ich die schöne Lindauer Bahnhofshalle betrete, rezitiere ich inwendig Franz Kafkas Tagebuch-Notiz: „Viel Gesang in Lindau auf dem Bahnhof in der Nacht." Auch Kafka hatte dort auf einen Zug gewartet, vermutlich sogar lange, nachts, Ende August 1911. Hatte er etwas erlebt? Er beließ es bei diesem einen Satz. Wurde damals mehr gesungen in der Bevölkerung als heute? Die Lindauer Bahnhofshalle finde ich ganz besonders hübsch, sie ist klein, aber hoch wie ein Kirchenschiff. Ich mache einen Rundgang durch den Lindauer Hafen, kaufe zwei Kugeln Eis – und dann geht es auch schon weiter. Diesmal mit einer RegionalBahn. Die

Michael Günzer / untitled (Bauanleitung) 2018

erste Klasse ist dort nur ein kleines Abteil mit 10 Sitzplätzen, das man aber meistens für sich alleine hat. In der zweiten Klasse kreischen die Schüler.

Betritt man den Zug, kommt man zuerst in das Fahrradabteil. Dann kommt eine Schiebetür zur ersten Klasse. Geht man hindurch, gelangt man durch eine weitere Schiebetür in die zweite Klasse. Als ich die erste Klasse betrete, sitzen dort bereits vier Personen in der rechten vorderen Vierer-Sitzgruppe. Offenbar eine Familie: Vater, Mutter, Sohn, Tochter. Es riecht wie beim Friseur und in der Turnhalle gleichzeitig. Die Frauen machen Toilette, sozusagen. Die Mutter sprüht sich gerade die Haare mit Haarspray ein.

„Mann, riecht der Haarlack gut", kreischt die Tochter, „sprüh mich auch mal an." Die Mutter sprüht eine Riesenwolke aus der Dose Richtung Tochter. Gegen die Sonne sieht man, wie sich der Spraynebel im Abteil verbreitet. Die Tochter schreit:

„Aber das Deo is noch geiler!" Und sie sprüht der Mutter lange Stöße aus der Deo-Dose auf den Rücken und unter die Achseln.

Dann kämmen sie ihre langen Haare wie Nutten im Schaufenster.

Der Vater, im Unterhemd, ist an den Armen stark tätowiert. Der Sohn dreht ein riesiges, gerade noch tragbares Radio lauter. Er brüllt über die laute Musik hinweg:

„Hier, jetzt hab ichs gefunden! Das ist das Messer, das ich meine. Schaff dir das an, schaff dir das auch an! Pfefferspray wirkt nicht. Wenn mir einer dumm kommt, zack!" Er macht die Bewegung des Zustechens.

Aus dem Ghettobluster (ich hoffe, das Wort trifft) kommen deutsche Schlagerschnulzen der 80er Jahre. Der Vater singt mit, „Griechischer Wein", und knackt eine Bierdose. Plötzlich brüllen der Sohn und die Tochter gleichzeitig los, sie springen hoch, als sei der Teufel in sie gefahren. Ihr Schrei ist so laut, daß ich im Reflex auch einen loslasse. Ich brülle:

„Hey, brüllt doch nicht so!"

Jetzt schaut der Vater her, erst jetzt registriert er mich überhaupt, vorher war ich Luft für ihn. Ich sitze, durch den Gang getrennt, ihm schräg gegenüber, ein etwas aggressionsgehemmter Schreibtischmensch. Er stiert mich lange an, als ob er so etwas Eigenartiges wie mich noch nie gesehen hätte. Langsam steht er auf, reckt sich zu voller Größe und baut sich ganz dicht vor mir auf, blickt mit starrem Blick zu mir runter. Sein Unterleib dicht vor meinem Gesicht, dicke Schwanzbeule in den Jeans, leichter Muffgeruch nach Pisse und Rauch.

„Was hast Du gesagt?", flüstert er, „sag das noch mal!"

„Ich habe gesagt, die sollen nicht so brüllen."

„Und warum hast Du so gebrüllt, wenn Du Brüllen nicht magst?"

„Es war ein Reflex, weil die so gebrüllt haben." Er sagt:

„Weißt Du, was ich glaube? Ich glaube, Du paßt nicht in die erste Klasse! Wir wollen hier nur erstklassige Leute haben und keine Typen, die sich nicht in der Gewalt haben. Ich zähle jetzt bis zehn. Inzwischen verschwindest Du dorthin, wo du hingehörst, du zweitklassiger Penner.“

Ich stand auf, er wich zentimeterweise zurück, zählte langsam, ich konnte nicht so schnell machen, wie ich wollte, griff zittrig nach meinem Trolley, kriegte die Tür zur Zweiten auf und ließ mich dort in den nächstliegenden freien Sitz fallen. Es brauchte bißchen, bis ich mich beruhigt hatte. Alle meine Gedanken klammerten sich an den Zugbegleiter, der hoffentlich bald zur Fahrscheinkontrolle kommen und die Verbrechertypen aus der ersten Klasse weisen, ja ihnen sogar eine Buße wegen Fahrpreiserschleichung aufbrummen würde.

Als der Schaffner kam, stellte sich aber heraus, daß die Familie gültige Fahrscheine hatte; ich war natürlich sicher, daß die schwarz fahren. Man hatte sich wohl etwas gegönnt. Der Schaffner wünschte ihnen Gute Fahrt. Dann war er bei mir. Als er meinen Fahrschein sah, sagte er:

„Sie sitzen hier in der zweiten Klasse. Sie haben aber für die Erste gebucht. Die Erste ist gleich hinter der Glastür. Ich sagte:

„Ja, ich weiß. Ich bleibe lieber hier.“

„Warum fahren Sie denn in der zweiten Klasse, wenn Sie eine Fahrkarte für die erste haben?“, fragte der junge Mann, der mir gegenüber saß. Er hatte sogar die Ohrstöpsel herausgenommen um mit mir zu reden. Ich sagte:

„Ich fahre gerne in der zweiten.“ Mir fiel auf, daß der junge Mann ein ziemliches Reizobjekt war. Blaß-hübsches Gesichtchen. Blond mit Mittelscheitel. Blau-grüne Augen, schmaler Oberkörper, grüner Nicky, der den nackten Bauch freigab, lange Beine in engen Bluejeans, Stiefeletten. Ein aparter Fetzen Gosse. Hatte ich zu lange hingestarrt? Er sagte:

„Wollen Sie'n Foto, oder was?“ Ich schaute mich kurz um, wir saßen ziemlich alleine. Ich sagte:

„Das Original wäre mir lieber.“ Er:

„Willst du Ärger?“ Ich:

„Kostet das extra?“

Er lachte laut, fand diesen Uraltspruch wohl einen guten Witz, sagte:

„Nichts für ungut, Alter.“

In Wangen wollte ich an einer Tagung teilnehmen, als Zuhörer, nicht als Redner. Würde ich wegbleiben, würde das niemand bemerken. Aber wo sollte ich hin mit diesem netten Boy, das gebuchte Hotel war privat geführt und das Gegenteil von anonym. Er wurde unruhig, weil ich seine Fragen noch nicht beantwortet hatte. Wie ich es besorgt bekommen will und wieviel ich zahle. Dann würde er mir sagen, ob das okay ist. Im Gegensatz zu Nutten, die ihren festen Preis haben, wollen Stricher erst wissen, was der Freier bereit ist zu zahlen. Erst dann sagen sie JA oder feilschen noch ein bißchen. Ich kann mich nicht erinnern, wie die Geschichte weiter ging. Ich habe zu viele schräge Bahn- und Boy-Storys erlebt. Die mit den Barbaren in der Ersten Klasse war einmalig.

Mona Ullrich
aus: Freimütige Gedichte 2015

**Macht die Friseusen reich!**
**Der Dichter Ovid hatte recht.**
**Was für eine wertvolle Kunst!**
**Ich ducke mich unter dem Klappern der Schere.**
**Trost kommt von ihr. Sie redet.**

Oger Meer
Brüllender Wahnsinn. Triumph.
Wohin bist du verschwunden?
Brüllender Wahnsinn. Triumph.
Die gewaltige Gehilfin der Starken hat
Dich geschluckt.
Brüllender Wahnsinn. Triumph.
Du bist fort und tot.
Sie wird bewundert.
Brüllender Wahnsinn. Triumph.

Michael Günzer / untitled (Bauanleitung) 2018

hundefaenger krd, kunst von vögeln, kobe 2018

hippe habasch

# ei

ein interview

sie sind ein erfolgreicher schriftsteller!
**ich bin ein erfolgreicher schriftsteller!**
ihr neuestes buch heißt „ei“!
**mein neuestes buch heißt „ei“!**
ungewöhnlicher titel.
**ja.**
sagen sie doch mal was zum inhalt.
**ungern!**
bitte?
**ich sage ungern etwas zu den inhalten meiner bücher.**
bitte!
**sie wollen also immer alles erklärt wissen?**
ja!
**wäre ich maler würden sie auch wollen, dass ich ihnen meine neuen bilder erkläre?**
ja!
**wäre ich maler würde ich sagen: da ist ein vogelrest noch in dem nest!**
wie darf ich das verstehen?
**vogelrest im nest – ist das so schwer?**
darüber haben sie 400 seiten geschrieben?
**darüber habe ich 400 seiten geschrieben!**
ei!

hippe habasch

# ende mit längen

hier ruht alois andergraund
steht auf dem grabstein
den alois im jahr dreißig
wählte um für den fall des
nichtbestehens der prüfung
der mündlichen im fach
deutsch gerüstet zu sein

er fiel durch aber es war
heiß an diesem tag außerdem
hatte er sich unsterblich
in ulla verliebt die dienstags
im waldsee badete schrieb
ihr briefe für den fall
dass sie auch so dächte

ulla antwortete nicht berta kam
vom land also hochzeit in weiß
und vier kinder alle gut geraten
so die deutung derer
die bescheid wissen und
es war sicher nicht die zeit
zu denken an steine überm kopf

alois war achtzig als er
anfing den roman zu schreiben
sich ein pseudonym zulegte
englisch mochte er nicht aber
andergraund klang gut
fand er buchstabierte
dem steinmetz den namen

der betreuer stellte sich vor
als alois auf seite dreiundvierzig
angelangt war nein den stein
könne man nicht mitnehmen
ins altersheim so schnell stirbt sich
nicht da sei gott vor
das sparbuch

gemacht. Kurz darauf hörte man, er sei wieder eingesperrt worden. Jedenfalls erzählte das der Wirt.

Ein Kriminalbeamter führte zweimal eine Observierung durch vom Lokal aus. Vielleicht musste er auch einfach warten, während die anderen für ihn observierten. Er hatte einen riesigen Bauch und trank sein Seidl sehr langsam.

Studenten und Uni-Lektoren kamen auch. Zwei von ihnen waren Autoren. Der eine wollte einen Verlag gründen. Der andere schrieb an einer längeren Erzählung. Sie soffen und beflügelten sich oft bis Mitternacht und verschwanden anschließend in eine der länger geöffneten Bars der Umgebung.

Ein alter Koch, der jeden zweiten Tag kam, war dafür bekannt, dass er mit seinem Bier- und Schnapskonsum ungefähr die Miete des kleinen Cafés bezahlte.

Ein aufgedunsener Pensionist namens Otto saß jeden Tag dort und erzählte, wie viel Glück er in seinem Leben gehabt habe.

Ein pensionierter Bankmitarbeiter schimpfte jeden Tag über die Ausländer, von denen er Schlechtes in den Revolverblättern las. Wenn der indische Rosenverkäufer abends in das Lokal kam, kaufte er ihm trotzdem immer eine Rose ab.

Die zwei Autoren gehen jetzt nicht mehr in das Lokal, der eine ist weggezogen, der andere arbeitet viel an der Universität und kümmert sich um seinen Verlag.

Der Kriminalbeamte sitzt vielleicht immer noch alle paar Monate dort und observiert oder lässt observieren.

Die Prostituierten haben den Bezirk gewechselt, nachdem das Etablissement geschlossen worden war.

Der pensionierte Bankmitarbeiter und der glückliche Otto sitzen immer noch dort.

Die berühmte Sängerin ist nicht mehr dort, man weiß nicht, warum. Man sieht sie aber im Fernseher oder liest manchmal von ihr in den Zeitungen, die verstreut über den Tischen liegen

Der pensionierte Koch wird älter und kommt nur mehr jeden dritten Tag.

Luka steht immer noch hinter der Bar und im Sommer geht er mit dem Tablett über den Gehsteig zu seinen Gästen, deren Haar im Luftzug der Straßenbahn weht.

Heribert Kuhn

# Shoebone

Der Gast wünsche, daß der Speiseraum im ersten Stock während der Vormittagsstunden nur von ihm selbst betreten werde. Der Gast -- niemand vom Personal hatte ihn bisher zu sehen bekommen -- habe sich ausgebeten, die Morgen- und Vormittagsstunden allein und von niemandem gestört im oberen Speiseraum verbringen zu können; dem Wunsch des Gastes, so Frau Koenig, sei unbedingt zu entsprechen. Allerdings gebe es eine Ausnahme; da es am Morgen immer schon recht kühl sei, lasse es sich nicht vermeiden, daß geheizt werde.

Das Schloß verfügte über ein spezielles Heizungssystem. Die Öfen befanden sich nicht in den Räumen selbst, sie waren hinter die Wände versetzt, nur kniehohe Gitter, durch welche die Warmluft in die Zimmer gelenkt wurde, waren von der Anlage zu sehen. Zugänglich waren die Öfen durch Gänge, die in den Wänden und parallel zu ihnen verliefen. Sie verbanden die einzelnen Feuerstellen und waren so schmal, daß nur eine Person sich in ihnen bewegen konnte, um Holz und Kohle an Ort und Stelle zu bringen. Wer die Gänge benutzte, war verpflichtet, sich zu vergewissern, ob nicht zur gleichen Zeit die unmittelbar daneben verlaufende, offizielle Treppe von Gästen benutzt wurde, die durch Geräusche -- einen Geräuschschatten in der Wand -- beunruhigt werden könnten.

Für den gegenwärtigen Gast wurde eine zusätzliche Vorsichtsmaßnahme getroffen. Auf dem Dachboden befand sich ein Stapel Teppiche verschiedener Größe. Abgetreten und unansehnlich geworden hatte man die dicken Matten über die Jahre hier gesammelt, wo sich Schichten von Staub auf ihnen abgelagert hatten, der Dreck von Mäusen und die Flaumfedern von Vögeln, die unter die Dachsparren geraten waren. Frau Koenig hatte veranlaßt, daß die Teppiche in den Hof getragen und dort gesäubert wurden. Danach waren sie in Bahnen, die der Breite der Dienergänge entsprachen, zerschnitten und in doppelten Lagen verlegt worden. Frau Koenig versprach sich davon eine zusätzliche Dämpfung der Schritte im

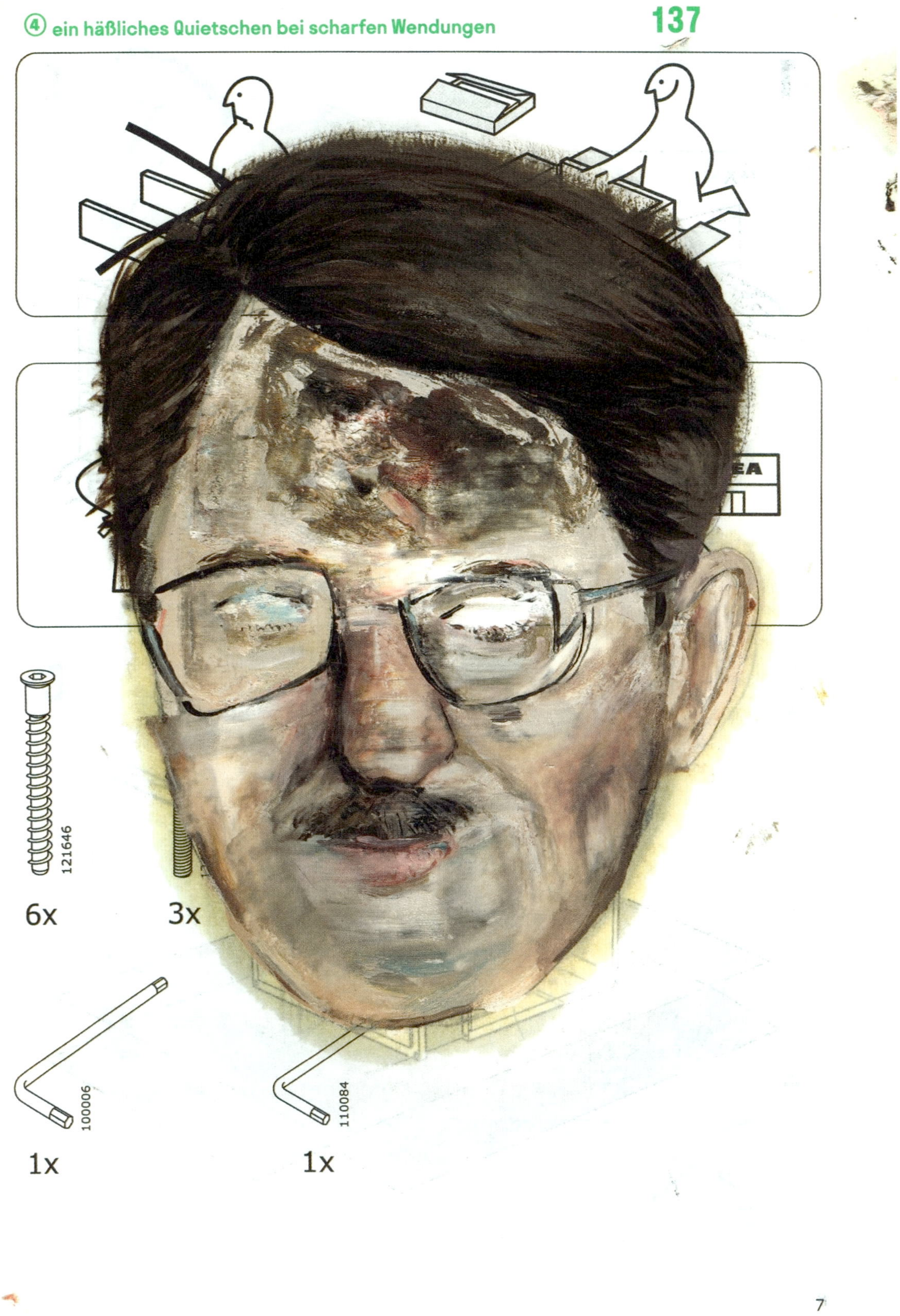


Michael Günzer / untitled (Bauanleitung) 2018

Hohlraum der Wände, so sehr war ihr am Wohlbefinden des Gastes gelegen.

Die Öfen also seien für die Dauer, die sich der Gast auf Schloß Böckel aufhalte, von Monsieur Robert zu schüren und bei guter Wärme zu halten. Pünktlich um sechs Uhr morgens müßten die Öfen angeheizt werden, und Robert dürfe sich danach nicht mehr entfernen, um, wie sonst üblich, nur jede Stunde die Feuerstellen zu inspizieren. Robert habe sich vielmehr den ganzen Vormittag über in der Zwischenwand, in der die Öfen untergebracht seien, und neben dem am Abend abgelegten Vorrat an Kohle und Holz aufzuhalten. Zu diesem Zweck erhalte Monsieur Robert die Erlaubnis, das klappbare Dreibein mit lederner Sitzfläche, das bei der Jagd benutzt werde, zwischen den Öfen aufzustellen. Keinesfalls dürfe Robert die Heizgänge und Dienersteigen zwischen den Stockwerken benutzen. Auf dem Dreibein sitzend habe er jedes Geräusch zu vermeiden, das Nachheizen müsse mit der Ofenzange vorgenommen, jedes Stück Kohle einzeln nachgelegt, prasselndes Aufflackern des Feuers, krachendes Zerbersten von Holzscheiten unbedingt vermieden werden und die Scharniere der Ofentür deshalb sorgsam geölt sein. Der Gast müsse beim Betreten des Speiseraums und während seines ganzen Aufenthalts darin die angenehme Wärme des Zimmers als naturgegeben empfinden können. Zu diesem Zweck sei Monsieur Robert während des Vormittags von allen anderen Pflichten entbunden. Er habe einzig und allein die Aufgabe, geräuschlos für gute Feuerung zu sorgen.

Damit war es Robert während der Zeit, die sich der Gast in Schloß Böckel aufhalten würde, nicht mehr möglich, den für das Staubwischen im oberen Speiseraum günstigen vormittäglichen Lichteinfall zu nutzen, wenn durch die breiten Balkontüren die schrägen Strahlen der Morgensonne fielen. Es war Frühlicht und Spätsommerlicht zugleich. Der braun lackierte Tisch und die Anrichte an der Längswand wurden für diese eine Viertelstunde des Tages aus ihrem samtenen, dunkel glosenden Dämmer gehoben. Es war die Viertelstunde ihrer täglichen Belebung und Robert stets pünktlich zur Stelle, um die Oberflächen zu kontrollieren und mit dem gefiederten Wedel vom feinen, in den vergangenen vierundzwanzig Stunden abgelagerten Staub zu säubern. In dieser Viertelstunde zitterten die Schatten der draußen im Park vom Wind bewegten Blätter auf dem Holz der Vitrinen, gaben für Augenblicke ihre Gestalt tiefschwarz und mit scharfen Umrissen zu erkennen, um sie gleich wieder verschwimmen zu lassen und in undeutliche graue Flecken aufzulösen. Der Staub war in diesem von Schatten durchflackerten Licht am besten zu erkennen. So lange das Schloß aber seinen Gast beherbergte, würde Robert nur nachmittags und wegen des in diesen Stunden fehlenden schrägen Lichts nur auf gut Glück und wie blind Staub wischen können. Für den vormittäglichen Anblick, den das Mobiliar dem Gast bieten würde, war dies ungünstig. Feine, über Tage angereicherte Streifen Staubs würden sich nicht vermeiden lassen. Das Staubwischen auf den Lichteinfall abzustimmen und nach einem festen Stundenplan die repräsentativen Räume des Schloßkomplexes zu reinigen, war eine Technik, die Robert selbst entwickelt und schon auf Schloß Dambrau, damals vor Jahren verfeinert hatte, die seit seinem Dienstantritt hier in Böckel aber nicht zur Anwendung kommen konnte.

In den Räumen des Schlosses trug er nur das verordnete, zur Livree gehörige Schuhwerk. Es war im Zuschnitt schlicht, ohne Vorderkappe, mit einer unauffälligen Schließe versehen, das Leder gelackt, die Sohlen starr und glatt. Es verlangte Geschick, sich in diesen Schuhen über das Parkett zu bewegen. Zu den Kniffen, die man ihm bei Mantheis in Berlin beigebracht hatte, gehörte eine spezielle Behandlung der Schuhsohlen; eine Schutzmaßnahme gegen das Ausgleiten auf den Parkettböden, das besonders beim Servieren böse Folgen haben konnte. Da gummibeschichtete Sohlen wegen der auf dem Parkett erzeugten Geräusche -- ein leichtes Schmatzen beim Schreiten, ein häßliches Quietschen bei scharfen Wendungen -- nicht in Frage kamen, rauhte man die glatten Ledersohlen mit grobkörnigem Sandpapier auf.

Es war dies keine offizielle, von Mantheis' Lehrbuch für herrschaftliche Diener empfohlene Maßnahme, denn die gerauhten Sohlen konnten den Firnis des Parketts schädigen. Und Beschädigungen: das Verkratzen, Trüben, Abstumpfen oder Verschmieren der aus tausenderlei Klein- und Kleinstflächen von Bestecken, Möbeln, Borden, Teppichen, Kleidern, Waffen zusammengesetzten Gesamtoberfläche eines herrschaftlichen Hauses, gehörten zu den Todsünden, die ein Diener begehen konnte. Ohne sich vom Zweck eines jeweiligen Gegenstands ablenken zu lassen, hatte er sich allein dessen Oberfläche zu widmen. Für einen Diener durfte es keinen einzelnen Gegenstand geben, eines Dieners Welt bestand nicht aus einzelnen Dingen, sondern in einer durchgängigen Oberfläche. Sein prüfendes Auge hatte über die Menge der Dinge hinwegzugleiten, unempfindlich gegen jede Hierarchie, allein auf die Oberfläche achtend, als ein der reinigenden Hand voraustastendes Organ.

In der Lehrzeit bei Mantheis war Robert klar geworden, daß die Haushalts-, Bekleidungs- und Einrichtungsgegenstände, all die Dinge, deren Vielfalt ein herrschaftliches Haus zum Kosmos weitete, eine geheime Tendenz hatten, zu erstarren. Eine Kristallkaraffe, über Wochen unbenutzt, verfiel einer kaum wahrnehmbaren Mattheit, der Schliff des Glases wurde stumpf. Mit jedem Tag, der verging, lastete sie mehr auf dem Platz, an den man sie gestellt hatte. Der Glasglanz und die gelbe Farbe des Cognacs verblaßten, das Glas erblindete und die Flüssigkeit dickte ein. Man konnte zusehen, wie sich die Dinge aus der Oberfläche zurückzogen, um zu verklumpen. Es war, als würde sie Resignation gegenüber der geduldigen, aber unausgesetzten Arbeit der Schwerkraft befallen. Nur der ständige Gebrauch der Dinge konnte diesen stummen Verfall verhindern. Weil aber die wenigsten Dinge wirklich gebraucht wurden, mußte die Zuwendung des Dieners den Gebrauch ersetzen und den Dingen unermüdlich ihren Wert beweisen. Alle Dinge benötigten eine Dauerbetreuung, damit der stille Strom der Gegenwart nicht aus ihrer Oberfläche wich. Es kostete große Anstrengung, sie täglich zu beleben und die museale Schwerkraft aus ihnen zu vertreiben.

Am schnellsten wurden Schuhe von der Schwerkraft erfaßt. Nicht nur waren die Schuhe mehr als alle anderen Dinge dem Schmutz ausgesetzt, die dauernde Bodennähe, in der sie ihren Zweck zu erfüllen hatten, schien sie besonders anfällig zu machen für die Wirkung der dinglichen Schwermut. Mochte das Auge wo auch immer weilen und mit dem Teleskop sogar bis zu den Sternen dringen, die Sohle blieb am Boden haften. In den Schuhen, vor allem denen mit den hohen Absätzen der Damen, welche den Bodenkontakt fast nur auf die Fußspitzen beschränkten, wurde die ganze Anstrengung sichtbar, die es kostete, dem Boden und der Schwerkraft zu entkommen.

Die Schuhpflege gehörte deshalb zu den wichtigsten Obliegenheiten eines Dieners. In keiner anderen Tätigkeit verwirklichte sich das Wesen des Dieners augenfälliger als im Schuhputzen. Mantheis hatte das Schuhputzen zu einer Wissenschaft entwickelt. Und auch Robert war zu einem Meister in der Verwendung des Polierbeins geworden. Da auf Schloß Böckel das Polierbein gänzlich unbekannt war, hatte er sich mit den Ergebnissen seiner Schuhpflegekunst einen guten Einstand verschaffen können. Als ungewohnt weich und glänzend waren die von ihm behandelten Schuhe und Stiefel Frau Koenig aufgefallen, und sie hatte Robert um eine Demonstration seiner Pflegemethoden gebeten. Großes Erstaunen,

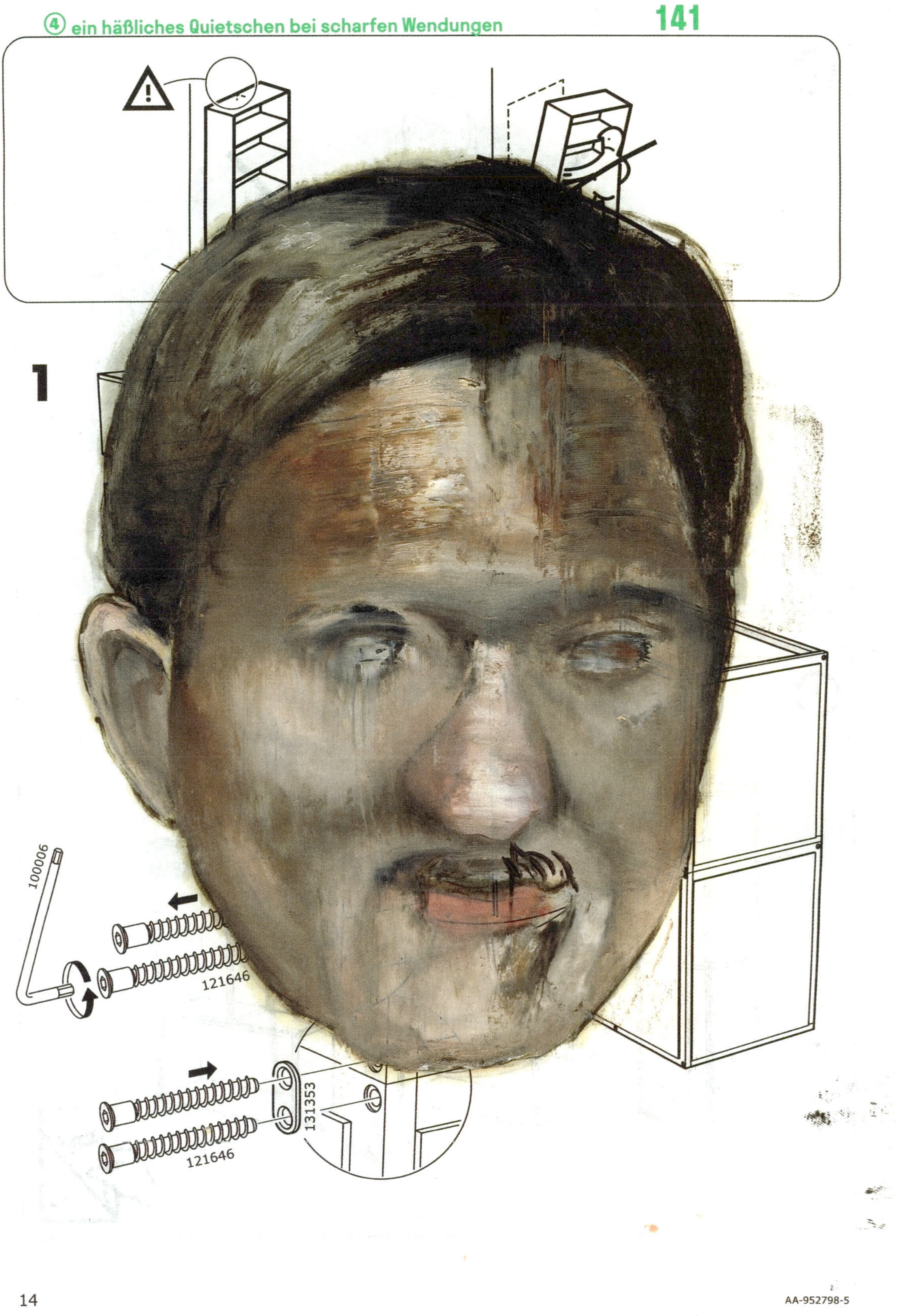


Michael Günzer / untitled (Bauanleitung) 2018

als er den Shoebone vorwies und erklärte, es handle sich bei dem Knochen, den er in der Hand halte, um den Vorderlauf einer Hirschkuh. Nur die Vorderläufe weiblicher Tiere kämen als Polierinstrumente in Frage. Dieser spezielle Knochen sondere ein Sekret ab, „Knochenöl" genannt. So könne, nachdem mit dem gerieften Gelenkstück die Schuhcreme aufgetragen worden sei, diese mit Hilfe ihres spatelförmigen Gegenstücks tief ins Leder einmassiert werden. Beschädigungen der Oberfläche würden durch die Ölabsonderung vermieden, die eine dünne Schutzschicht zwischen Knochen und Leder entstehen ließe, auf der das Instrument gleiten könne. Kratzer, sogar die berüchtigten, in den Gehfalten eines Schuhs aufbrechenden und das Leder ruinierenden Risse könnten mit dem shoebone wieder auspoliert werden. Denn fleischseitiges Leder besitze keine eigene glatte Oberfläche, diese werde künstlich erzeugt und sei deshalb mit dem Polierbein auch wiederherzustellen.

Robert hatte den Einsatz des Schuhknochens an einem Paar alter, ausgetrockneter Stiefel vorgeführt, die in einer Ecke der Sattelkammer vor sich hingerottet hatten. Auf einem honigfarbenen Tuch hatte er die Kollektion seiner Polierbürsten mit Ziegen- und Roßhaarbesatz, die verschiedenen Cremes und Lappen ausgebreitet. Besonders gut ziehe das Pflegemittel bei abnehmendem Mond in das Leder ein, erklärte er. Bei der Verwendung von Terpentinwachsen empfehle sich, das Wachs erst anzuwärmen. Die Schuhe kurze Zeit der Sonne auszusetzen, mache das Leder zusätzlich aufnahmefähig. Wasser sei das beste Mittel für die Nach- und Endpolitur. Die Verwendung von Milch oder gar Champagner lasse hingegen darauf schließen, daß es sich um einen neureichen Haushalt handle.

Mit beiden Händen hatte Robert den Schuhknochen gefaßt und mit der Längsseite über den Schaft des Stiefels geführt, den er zwischen die Schenkel geklemmt hielt. Als er kurz darauf das in ein glänzendes Prachtstück verwandelte Schuhwerk vor sich stellte und die Schürze losnestelnd sich erhob, klatschte Frau Koenig kurz in die Hände.

Auf das Leder zu spucken und das Sekret zu verreiben, wagte Robert nicht. Das war die Methode, die man beim Schweizer Militär anwandte, und die sicher von Soldaten aller Länder, unabhängig vom Frontverlauf, zum Einsatz kam, wenn es darum ging, schnell Glanz in's Leder zu bekommen. Bei Mantheis in Berlin war sie selbstredend verpönt gewesen. Im vergangenen Sommer aber, als er im Felsgelände des Tessiner Berggebiets Schützengräben auszuheben hatte, eine Arbeit, die ihn nicht nur an den Rand seiner Kräfte, sondern auch seiner finanziellen Reserven brachte, spuckte er gern und mit Verve auf's Leder und auf die ganze Hueresoldaterei. Er spuckte auf den Huerekrieg, der ihn und seine Kameraden vom Schweizer Landwehrbatallion 134 zwang, sich gegen karge Kost und dürftigste Logis in Fels und Erde zu wühlen, ohne darüberhinaus auch nur mit einem einzigen Rappen entgolten zu werden. Von einer deutschen Domänenherrin wurde man für's Stiefelputzen wenigstens bezahlt; kam hinzu, daß es Robert ein dunkles Vergnügen bereitete, für eine „Herrin" die Stiefel zu putzen, überhaupt mit Schuhen zu tun zu haben ... Er genoß es, daß ihm dabei das Stolztun verging. Wie schon bei der Mutter konnte er auch bei Frau Koenig beobachten, daß die Hüte der Herren wie an Schnüren gezogen gehoben und gelüftet wurden, wenn sie sich nach draußen begab. Besonders wenn dabei spiegelnde Glatzen entblößt wurden, hatte ihm das, an der Hand der Mutter gehend, ein angenehm schmerzendes und ziehendes Gefühl im Bauch verursacht.

Daß er nun dazu verpflichtet worden war, auf diese besondere, ja merkwürdige Weise für die Öfen im Turm zu sorgen, kam einem anderen Bedürfnis entgegen: er machte sich gern verschwinden, verkroch sich mit Lust. Je enger das Versteck, desto besser. Ein Buch, Papier und Bleistift, und er war gerüstet, hätte Tage am verborgenen Ort aushalten können, hätten nicht auch für ihn die schlichten Notwendigkeiten körperlicher Existenz gegolten.

Robert trug nun am Abend, wenn gewiß war, daß der Gast sich zur Ruhe gelegt hatte, Bündel Holz und Schütten Kohle über die gepolsterten Treppen und Gänge hinauf in den Turm und lagerte sie zwischen den Öfen, wo er auch das Jagddreibein installiert hatte. Er kontrollierte die in den Öfen noch vorhandene Glut und bereitete alles vor, um am frühen Morgen tüchtig nachschüren und mit jeder der eisernen Feuerstellen Wellen Wärme durch die Wände schicken zu können.

Danach betrat er, leise, leise, das Turmzimmer mit dem als Schreibpult dienenden Taufbecken darin, öffnete die Fenster, entfernte, wo es nötig war, Staub, rückte zurecht, was ihm aus der hier herrschenden Ordnung geraten schien, und sammelte die vor dem großen Kamin zerknüllt liegenden Papiere ein.

(Aus „Heldenfrisieren" / „Weißbluten", Romanzyklus)

Fabian Karrer, Scherben, 2018

# ein Bussard ⑤ fror im Gedächtnis ein

Carmen Kotarski

# im Westfenster

schon dampft das Hochgebirge ab
und reißt auch im Westen der Filz
vom Seebadgewölbe
dem Sturm voraus
jagen die Sommerfeste in die Gewöhnung
die Kirchturmuhr schlägt wieder
das Ende von Haltbarkeiten an
man schreibe sich rasch die Finger warm
der Himmel zeigt sich als skrupulöse Fahnen
an denen die Mauersegler vorbeiwohnen

Carmen Kotarski

**wie eine leere Bank blieb das Bild zurück**
**ein Anblick von Ginster stand am Dezember und ging nicht weiter**

**nicht weiter ging der schwarze Fleck fror im Himmel ein**
**ein Bussard fror im Gedächtnis ein**

**ein Bänkchen am Fuße des Winds**

Carmen Kotarski

# Abend, Südflügel

schwarzweißer Himmel über dem Hund
Zaundraht, Limoflaschen, farblose Schritte
zwei Wachmänner gehen hin und her
nervös weil der Park abhauen will

der Hund, tief abendblau, auf ihm
leuchtet die Ferne eines Fernsehturms
ich vergaß ihn bis es bellte
zerschellte unter der Haut ein Schreck

ganz präzise schiebt ein Auto
meinen Schatten weg
wo ich nicht wusste Platz zu machen
ich notierte etwas oder es begann
kurz ein wenig Sommer

die Rufe über mich hinüber
zum Schild Expressguthalle (alt)
erst jetzt zu sehen, im Südflügelschatten
ein Chor von Polizisten auf den Auftritt wartend

wenn die Sonne abtritt, der Hund dunkelt
eine Ratte umläuft mich geschäftig
an der Warnbake taucht sie unter
und kommt dann von hinten zurück

Stefanie Kemper

## danach

kirschblüten rosa so groß
wie kinder blumen an
dünne zweige malen das

gras unter dem baum macht sich
dick mildert den fremden aufprall
abfallender isotopenblüten

menschen gibt es nicht mehr es
sei denn sie kämen auf schiffen
ohne totenschädel am bug von

einem glücklichen fremden planeten
hier sind alle gesunken sie treiben
unterirdisch auf endlagerseen hin

## ungewöhnliches wachstum

es wuchern im märzen der acker
das feld die wiese auf teufel komm
raus faustdick die frühen beeren
durch und durch herzförmig rot die
reinste stoffwechselverschwendung

spargelköpfe in platzangst bevor
licht auf die erdreihen fällt – dicke
kartoffeln im umfang doppelter
schädel – an halloween werden
kürbisse achtäugig strahlen

Irène Bourquin

# Gewächs

Das Gewächs in der liebevoll gepflegten Rabatte des Nachbarn, hinter dem gestutzten Rasen, auf dem die jungen Leute manchmal vergnügt Wikingerschach spielen, das Gewächs, das ich vom Schlafzimmerfenster im ersten Stock aus sehe, das runde Gewächs, gefurchte Blätter, dunkelgrün mit weissen Rändern, eine Rosette, anmutig klein im Frühling, das Gewächs, das rasch an Grösse zunimmt, sich ausdehnt, mich jetzt im Frühsommer jeden Morgen beim ersten Blick aus dem Fenster überrascht, verblüfft, erschreckt – wie es wächst, sich ausdehnt, grünweisser Hügel, der längst schon die Rabatte dominiert, das Gewächs, das ich beobachte, auch tagsüber, mit zunehmend mulmigem Gefühl: Wird es in den Rasen hineinwachsen, ihn allmählich bedecken, auch meine Blumenwiese überwachsen, wird es das Haus erreichen, mir zum Fenster hereinwachsen, das Gewächs, dessen Namen ich nicht weiss, wird es das verwinkelte Gebäude überwuchern, das alte Flarzhaus, in dem wir, drei Nachbarsfamilien, in drei Hausteilen unter einem Dach wohnen, wird das Gewächs diesen Dorfteil ganz überwachsen, samt roter Katze und jämmerlich eingepferchten Kaninchen, Gartenteichen, Frosch und Molch, ja, mitsamt den Gänsen, Hühnern, Gockeln und Papageien von Nachbars Onkel, drüben hinter dem Bach, wird das Gewächs diese ebenfalls ständig expandierende Federviehkolonie, die Häuschen und Elektrozäune, das ganze Geschnatter, Gekrächz, Gegacker und Kikeriki zuwachsen, wird es die Dorfstrasse überqueren, das Gewächs, und auch die dortigen Nachbarn erreichen, wird es den massigen schwarzen Hund, die schlanke schwarze Katze, den Stall, die Weide mit den drei silbermähnigen Pferden und auch die fussballverrückten Buben verschlingen, wird es den märchenhaften Blumengarten der übernächsten Nachbarn verschwinden lassen, das ganze Dorf mit einer monströsen Rosette gefurchter Blätter bedecken, wird es – Über das Gewächs möchte ich etwas schreiben, wenn es mich lässt, wenn es mir noch Zeit lässt, ehe sich das Schlafzimmerfenster grünweiss verdunkeln wird, rasch auch das Fenster des Arbeitszimmers im zweiten Stock und die Dachluke, ehe ich das Haus nicht mehr werde verlassen können, ehe man uns alle hier für verschollen erklären und schliesslich vergessen wird.

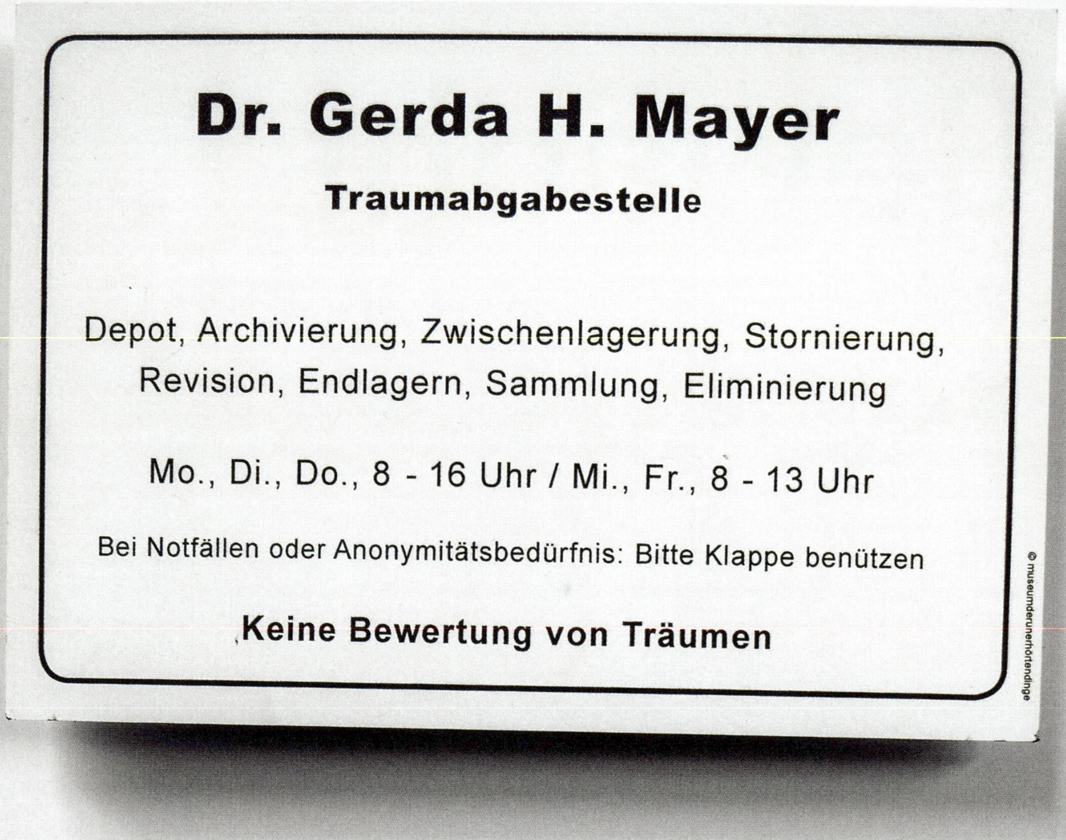


Roland Albrecht, Träume/Alpträume, 2018

Ich war im Allgäu spazieren, und plötzlich stand ich an einem eingezäunten Weiher, ein Gasthaus mit Fremdenbetten sah ich auch am Hang, fast wie am Schachenbad, am Ufer standen, lagen Tiere, die ich nicht kannte, unter Stauden, ich fragte einen Herbeigelaufenen, was das für Tiere seien, „Wolfsschafe" sagte er, „die werden hier gehalten", „ah, ja, klar, Wolfsschafe", antwortete ich und kam mir dumm vor, dass ich sie nicht gleich erkannte. Später lernte ich immer mehr Wolfsschafe kennen, gründete ein Institut für Hybridforschung, das sich nur mit Wolfsschafen beschäftigte.

Roland Albrecht, Träume/Alpträume, 2018

Als Kind hatte ich immer Angst vor den Miedern, die meine Mutter, nach dem sie sie gewaschen hatte, im Garten zum Trocknen aufhängte, ich hatte Angst vor den Stäbchen, sie seien aus Fischbein, sagte man mir, ich glaubte, dass es Metallspieße sind, die mich aufspießen möchten, und machte jedesmal einen großen Umweg um die Dinger, wenn sie im Garten hingen. Als ich dies Bild zusammenstellte, googelte ich nach Miederbildern und bekam das nächste halbe Jahr ständig Miederwerbung auf den Bildschirm, die mich an meine Erinnerung erinnerte, es war nicht nett, was die da mit mir machten.

Roland Albrecht, Träume/Alpträume, 2018

„Bring ihn nicht um", rief ich meinem Vater zu, als der Hampelmann, der mein Bruder war, den Berg herunterkasperte, es sah lustig aus, hatte aber auch etwas Verzweifeltes, wie er meines Vaters Messer entgegenlief, „schneid ihm den Kopf nicht ab, Vater", schrie ich aus dem Auto heraus, „denn wenn du ihn umbringst, bin ich zur Blutrache verpflichtet, dann muss ich dich umbringen und mein Bruder mich, das kann er aber dann nicht mehr, weil du ihn ja schon umgebracht hast". Wenn das so weitergeht, nimmt das nie ein Ende, dachte ich mir, das muss ein Ende haben mit der Umbringerei.

Roland Albrecht, Träume/Alpträume, 2018

Meine Urgroßmutter, aus Jerzens, Tirol, ein Schwabenkind, das im elften Lebensjahr ins Allgäu, zu schlechten Bauern, abgegeben wurde, ging sechs Jahre später, schwanger, zu Fuß nach Hause, nur um dort nicht eingelassen zu werden – die Schande –, das Kind brachte sie bei der Tante in Hall zur Welt, es wurde ihr gleich weggenommen, – die sündige Mutter –, dann wieder ins Allgäu geschickt, diesmal zu guten Bauern, die ihr einen Mann suchten, wodurch sie meine Urgroßmutter wurde. Als ich, der 100 Jahre nach ihr Geborene, in Jerzens, mit ihr Ski fuhr, fuhren wir auf den Almen auf denen sie als Kind Kühe gehütet hatte.

Roland Albrecht, Träume/Alpträume, 2018

Wir fuhren, ich weiß es, als ob es gestern gewesen wäre, obwohl ich damals erst sechs Jahre alt war und nun viele, viele Jahre vergangen sind, wir fuhren, in unserem Opel, von Buxheim nach Memmingen, der Sommerhimmel war ganz dunkel, ja schwarz, da stand plötzlich eine große glühende Kugel mitten in einem Feld, mein Vater fuhr ganz langsam und zeigte mit der Hand auf die Kugel und meinte, dass ich mir das merken solle, das sei ein Kugelblitz, den sähe man nicht jeden Tag. Heute könnte man den Kugelblitz nicht mehr sehen, dort stehen lauter Häuser, es glaubt auch niemand mehr an Kugelblitze, und sehen kann man nur das, an das man glaubt.

Roland Albrecht, Träume/Alpträume, 2018

Wolfgang Haenle

# homunkulus

der küstenwald ist dicht getränkt mit farn
wilde orchideen. opium für dein schlankes leben
jeder tag voller geburten ohne chronik und gerede
der eingebläute pfad wuchert jetzt zum meer

du spielst patience mit der zeit. die sinnlosen
tage in den baumkronen. alles will zum licht. luftwurzeln
borken. äste. blätter und läuse. vergangenheit
schon vergessen. nur die eule lauert auf deine zukunft

die selbstmorde der kettensägen nehmen überhand
der schlitz im stamm. die machetenklinge. der wald
bleibt stumm. die frist für grüne wolkenkratzer ist verfallen

du knallst einen regenbogen an den himmel
gott zollt respekt. die fragestunde entfällt
bei deinem abgang klatscht der tintenfisch in der tiefe

# im westen

was du siehst hat tradition. die geschichte hinter der mauer
bleibt hohl. satt oder nicht satt. die größten spielen fußball
am besten machen es tote. die kannst du hier jetzt öfter sehen
die verlierer ersticken in den tempeln der ameisen

zur abwechslung klettern mutige auf den schutzzaun
und fangen fliegenköder. andere essen aus ihrer einkaufstüte
lämmerschreie. triefende krusten aus altbackenem geschwätz
die erinnerung in den mundwinkeln. außerhalb treiben es trolle

der hund der kater der stier und selbst der stallhase
alle haben einen schwanz mit dem sie steuern einsammeln
ein gleichgewicht das nie versagt. nichts was sie aus
der bahn werfen könnte. die zweite halbzeit hat jetzt begonnen

deine bälle prallen ab an der wand. du hast den verstand verloren
penalty nennen es die einen. ausgequetschte zitronen die anderen

Eva Hocke, Ohne Titel, 1996

Helga Rüdiger

## „Bfüe-Gott-Danz“ un no?

I woiß, daß i au sterbe mueß.
’s blost durch meine Träum
an zittrig froschtger Bfüe-Gott-Grueß
wie ’s Glitzge vo Seewelle-Säum.

Uiner packt zue,
frogt ersch gar net,
frißt si böes fescht,
als wär ’s sei Nescht.
Jederma, loß ab,
’s Schnaufe wird knapp.

Firchtig, brutal de Danz,
schenk uimol Vakanz
vo gwaltdätge Breschte
und wilde Moläschte.
Boiner-Ma, loß ab
vom wüeschte Trab!

Breschtig zriebe,
hintrefotzig des Lide.
Sense-Ma, loß ab.
Gib bitzle Gnad!

D’ Leut guckend zue.
Kuin Muckser zur Rueh.
Gueder Ma, loß ab.
Will gar no net nab.

Gueder Ma, gosch mit.
Gib a no weng Zit –

Heut blüehend im eisweiße Froscht,
im glitzrig verdanzde Bluescht
tusend herzge Träum,
glänzge Lichtle uf Seewelle-Schäum.

Wörterliste

| | |
|---|---|
| Vakanz | Ferien |
| Breschte | Gebrechen |
| breschtig | gebrechlich |
| Bluescht | Blüte, Baumblüte |
| Maläschte | Schmerzen, Beschwerden |
| Sie blüehend | Sie blühen (Mehrzahl mit kein Gerundium) |

Max Sessner

# Geburtstage

Mutter war den ganzen Tag
mit ihren Rosen beschäftigt sie
liebte Rosen über alles kein Gesicht
konnte das wettmachen eine
Handvoll Schnee war mein

Geburtstagsgeschenk da nimm
sagte sie aber sag Vater nichts
davon Vater war mit einer anderen
Frau durchgebrannt was also
sollte ich ihm sagen dass der

Schnee schmolz als er auf meinem
Handteller lag und zu einem
kleinen See wurde an dessen
Ufer eine Stadt entstand in
der ich noch einmal aufwuchs

Christoph Rütimann, Pelikan und Gefieder, 1984/85, Cibachrome ab Polaroid, gerahmt, 83,5 x 78,5 cm, Auflage 5

Wolfgang Bleier

# Die Dunkelheit kriecht

über den schwarzgrauen, blättrigen Schiefer der See, die Mitternacht wandert. Aus den Wassertürmen der Nacht dringen die hellen Schreie der Seevögel. Ebbe und Flut laufen mit dem Mond um die Erde: Charybdis schlürft die Fluten ein und aus. Ich habe den Schnee geschmeckt, die salzige See, die süßen Brunnen, den Regen. Der kühle Hauch des Wortes Blau ist als Luftzug spürbar; die Stimme des Meeres falte ich aus Papier; es sind die Worte geflügelt. Beim Betrachten und Erkennen des Himmels und der Ordnung des ganzen Kosmos' geht der Betrachter über: beständig wird Festland in Meer und Meer in Festland verwandelt; jeder Augenblick trifft auf ein anderes Meer. Die Flüsse verästeln sich, der Baum des Wassers, das Meer wurzelt in der Erde; das Wurzelwerk der Seele nährt die Krautschicht der nächtlichen Wälder. Die Augen, die offenen Fenster, werde ich schließen, bis sie verwachsen sind mit Muscheln und Seetang. Ich höre den Singsang, gesungen an der sechshundert Lichtjahre entfernten Sternwiege. Ausgangspunkt ist der Schatten, der über die Schwelle fällt. Ich höre die Anweisungen des Lotsen beim Eintauchen in die Dunkelheit. Ich stoße die Tür auf, stoße auf Meernachtsbewohner, im Weg stehende Wassertürme. Dutzende Schiffe überqueren das Meer der Finsternis. Felsenschlund, Wasserstraßen, das Tuckern der Maschine, man hört die Stimme des Lotsen mit der Winkelangabe des Ruders, mit der Angabe des Tempos. Winde plagen die Wolken des Himmels, die Nacht ist der Schatten der Erde. In ständiger Bewegung strömt sein Atem ein und aus, das heilige Meer ist ein Lebewesen. Der Himmel steigt in die Fluten herab. Die ungeheure Tiefe habe ich mit eigenen Augen gesehen, der Schlaf ist von dunklen Wassertürmen umstellt. Die Möglichkeit übers Wasser zu gehen, ist nicht vielen gegeben. Lotsen brechen vom Hafen zur Arbeit auf, sie führen die Schiffe durch schwierige Gewässer. Bläst der Schnee und Kälte bringende Boreas, König der Winde, kräuselt sich fröstelnd das Meer. Von allen Seiten winden sich große Flüsse heran; die Flußarme umarmen die Erde, die Erde schläft, zugedeckt vom Wasser. Über die Mitternacht ziehen viele in Seenot, über die gleißende Wasserfläche, die lächelnde Stille des Meeres, die äolische Landschaft, die der Wind geformt hat. Nemesis, die Tochter der

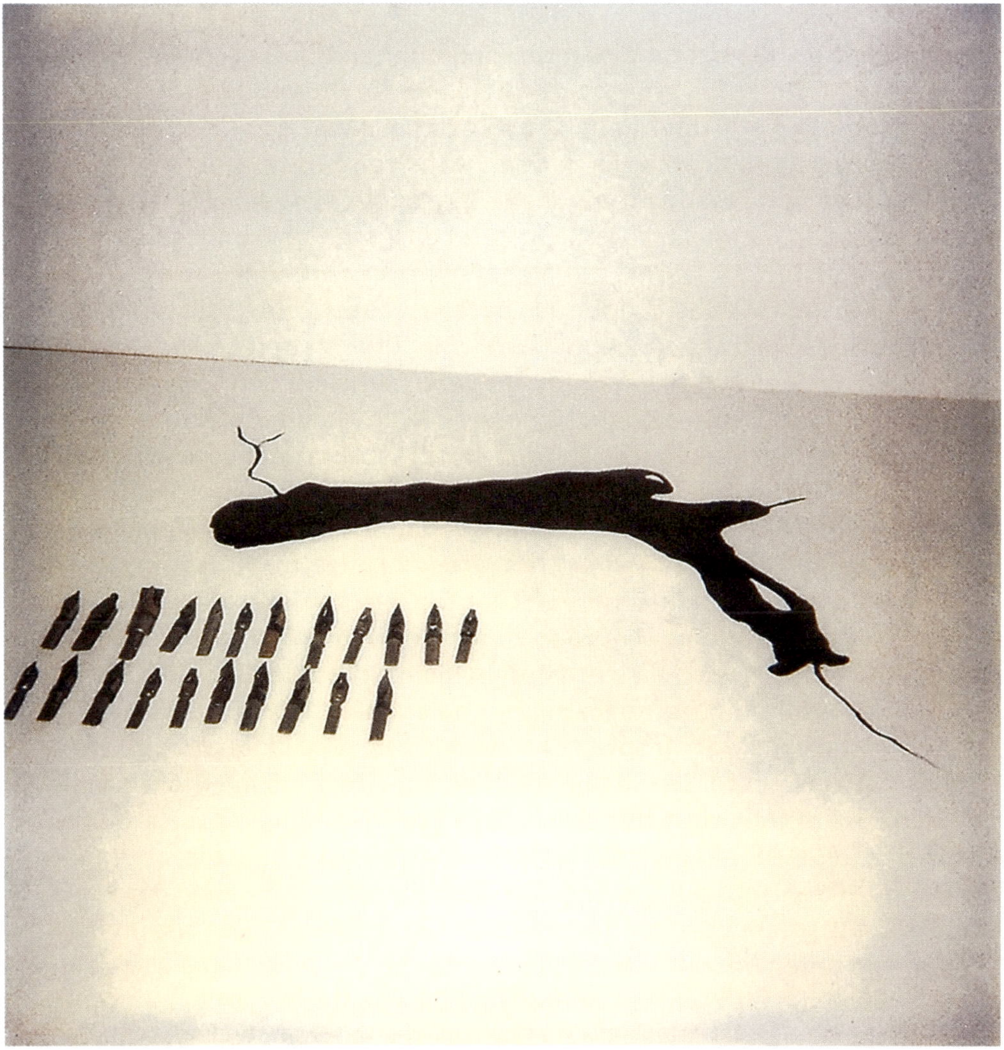

Christoph Rütimann, Waffenlager am Tintensee, 1984/85, Cibachrome ab Polaroid, gerahmt, 83,5 x 78,5 cm, Auflage 5

Nacht, hat alles gesehen: gefangen hat sich der Wind in den Türmen; man füttert ihm Mehl. Die beständigen Verschiebungen der Erdschollen haben das Angesicht der Erde vernarbt, den Schlund der Charybdis aufgerissen. Die Wolken ziehen still über den Himmel, stumm saust der Mond durch die Wolken, durch schreckliche, von jedem Seefahrer gemiedene Felsen. Die Bewohner der Tiefe, wo das freundliche Tageslicht ausgelöscht ist, werden des strahlenden Himmels nie ansichtig. Im Gaslicht des Mondes feiert die Dunkelheit, finsterer Acheron, das Meer ist ein leuchtender Garten. Zephyros, Gott des Westwindes, Bruder des Boreas, säuselt. Die Luft ist für die Lebewesen des Wassers eine andere Welt. Am Ufer stehend, kann man die Krümmung der Weltkugel erkennen. Am Hafen sehe ich den Ledersack, in dem die widrigen Winde eingeschlossen sind, am Schiffsmast hängen; verletzlich ist die Haut des Bootes. Unter der Wasseroberfläche befindet sich eine andere Welt, in der Erinnerung tauchen jagende Seevögel. Die Seelen wandern durch die Ober- und Unterwelt. Das Licht reist übers Meer, leuchtet blau wie der Boretsch. Das Meer spricht, redet, redet, trägt das Sonnenlicht auf seinem breiten Rücken; übers Wasser tanzen die Lichtreflexe. Die Götter wohnen in goldenen Tempeln in den Tiefen des Himmels. Aus im Traum ins Meer geworfenen Erdschollen entstehen Inseln; die Insel bedeutet der Ursprung der Welt. Wind wird ausgesät. Im Regenwetter wird die Wasseroberfläche von Regentropfen durchschlagen, durchlöchert wird die Lichthaut des Wassers. Steige ich ins Meer, übertrete ich die Grenze. Viele erleiden Schiffbruch, viele trägt das Schiff der Seelen, viele passieren die Pforte des Todes. Der Regen wächst auf mir. Der Regen fällt, die Tropfnase, die Wimpern der Liebsten tropfen. Wie die Erde nährt der Regen die Seele. Vom Perlmutt schimmern die Seeohren. Die Dinge zeigen sich wie im Traum, alles ist wie unter Wasser, Fenster für Fenster schließt sich, das Mysterium zieht vorüber, die Erinnerung verliert sich. Die Fenster zur Welt werden trüber, die Erinnerungen sinken ab, verblassen; ich sehe die Welt wie der Taucher. Als hätte sich das Herz gefügt, angebunden an die Ufer der Welt, gehorsam schlagend; die Stille der See ist trügerisch. Im Ozean der Erinnerung entsteht das Haus der Eltern, in dessen Inneren regnet es, bis das Haus ganz mit Wasser gefüllt ist. Der schwebende Fisch, das schwimmende Wesen, Wasserpflanzen bewegen sich nahe an der Schwerelosigkeit mit großer Eleganz. Tausende Seelen wohnen in den Wassertürmen, in den schlechten Quartieren. In jedem Wassertropfen leben Infusionstierchen, sich schlingend, wabernd, schlagend, kreisend fortbewegende Wesen. Der Sack, worin die Winde gefangen sind, platzt. Die Tür steht offen für die Tages- und Nachtbesucher: Quallen, darunter die Unsterbliche, in unsichtbaren Häusern lebende Geister der Meere, Nachtwandler unter Wasser, Medusen. Die Wolken hängen in der Luft im Krach des Sonnenlichts. Die Sonne langt nach dem Fenster, leckt mit der Zunge über die Scheibe. Aus Papier entfaltet sich das Schiff, wenn ich schreibe; das Schiff, das Gefäß, wird vom Meer getragen. Rundum versammelt, ragen die schwarzen Wassertürme über die Dächer;

die Stadt türmt sich über den Bergen. Die Wolkenmaschine arbeitet unter Volldampf. Das Schiff fährt durch das Aquarium der Luft, das flaschengrün leuchtende Licht. Blumen der Technik, Kompaßrosen, Windrosen, blühen. Sieben freundliche Tage lang tanzt das große Blatt im Garten. Die Sonne riecht an meiner Liebsten, die Liebste, die seltene Blume, entfaltet sich, der Garten der Erinnerung entfaltet sich. Das Es wahrt das Geheimnis der Erschaffung aus dem Nichts. Es gibt unzählige Windrichtungen, es gibt unzählige dazugehörige Himmel; jeder Wind bringt seine eigenen Wellen hervor. Himmel und Land und Wasser stoßen beständig aufeinander. Das Fenster des Himmels wird geöffnet, das Licht berührt mit seinen Fingerspitzen vorsichtig die Welt. Das Licht berührt die Worte, die ausgesprochen werden im Augenblick. Die Dunkelziffer hat sich verirrt im Text; Worte streifen ihre Schwärze ab. Uhren und Wolken singen, singen zur Hochzeit der Luftgeister leise Sonnengesänge. Das Luftschiff, belebtes Wesen Wolke, ist sprachbegabt; fliegender Eisvogel Wind, der Wind geht wie ein Kind mit leuchtenden Füßen. Der Wolken Tumulte, das thermische Geschiebe im wechselnden Licht, ist Teil des Spiels der übermütigen Luft. Das Anemometer löffelt den Wind, schöpft Luft, schluckt. Ich bin ein Lippenblütler in meinem Garten, in der Lichtschreiberei; in meinen Archiven des Wetters wird der Regen aufbewahrt. Vorbei an der meteorologischen Station fliegen durch die Luft die schwarzen Schiffe; schwere Lasten tragen die wandernden Seelen. Im Sonnenaufgang des Erwachens wird man vom Seemonster angeblickt werden; das Ozeanische der Seele grenzt an die fremde Küste. Der Wind macht die Wolkenbilder, das Wasser mustert er. Meeresbrandung und Vogelstimmen – schwarz ist das vom Nordwind aufgewühlte Meer, die Segel sind gut gefüllt. Die Schiffahrt bedarf der Sonne, des heiteren Himmels, der Meeresstille. Zusammen mit den Nereiden begleiten ungestüme Tritonen Poseidon in triumphalen Zügen über das Meer. Meer und Land streiten und versöhnen sich beständig. Jeder Augenblick trifft auf ein anderes Wolkenbild. Schöpfungstag reiht sich an Schöpfungstag, unablässig sind die Elemente tätig, das Geschaffene, die Wolke, das Geschöpf, verschwindet. Kommt das Meer nicht mit der Schar der Winde wie ein siebenköpfiges Pferd ans Ufer gesprungen? Der Wind schleift einen Mantel aus Staub hinter sich her. Niemand weiß sich aus der Zeit herauszufinden. Die Erde, die Steine, der ganze Ort hier ist zerfressen und verwittert; der Tod frißt Steine. Die Wasser ein- und ausatmende Erde ist ein Lebewesen; verletzlich ist das lebendige Wasser. Propheten gibt es nicht viele, der Taucher springt in den Ozean der Erinnerung. Von der wilden See zerschunden, an Land geworfenes Wrack eines Schiffes, der Schiffskörper – die Rippen, das Auge am Bug verwittert, das Lebewesen Schiff zerfällt. Scharfe Kontraste, strahlend blendendes Licht – Wolken führen in rasendem Tempo einen halb zerrissenen Kalbskopf mit sich, drei Engel lösen sich in Wolken auf. Stimmen singen aus leeren Wassertürmen, wo nur der Wind weht. Fern im Westen am Rand der Welt leuchtet ein Garten herrlicher goldener Äpfel; ich schreite weiter im Sonnenlicht.

Nina Neumann

## Bild von Joan Miro
## Hommage a Picasso

Am Anfang
zwei schwarze Punkte,
schwarze Löcher des Alls,
die alles einsaugen,
was zu nah kommt,
oder
die Brustwarzen der Geliebten,
der Muse des Künstlers,
oder doch
die Augen des Schöpfers,
der mit Farben und Formen spielt.
Ich arbeite ohne zu arbeiten,
meint er, und scheiße
auf die ganze Gesellschaft.
Sein Barthaar zittert beim Atmen,
eine Spinne verfangen
im Haarbüschel.
Erstarrte Stille,
in der das Schwere
schwerelos schwebt.

Ich hätte das Bild
„Eine träumende Katze" genannt.
Er hat sich anders entschieden.

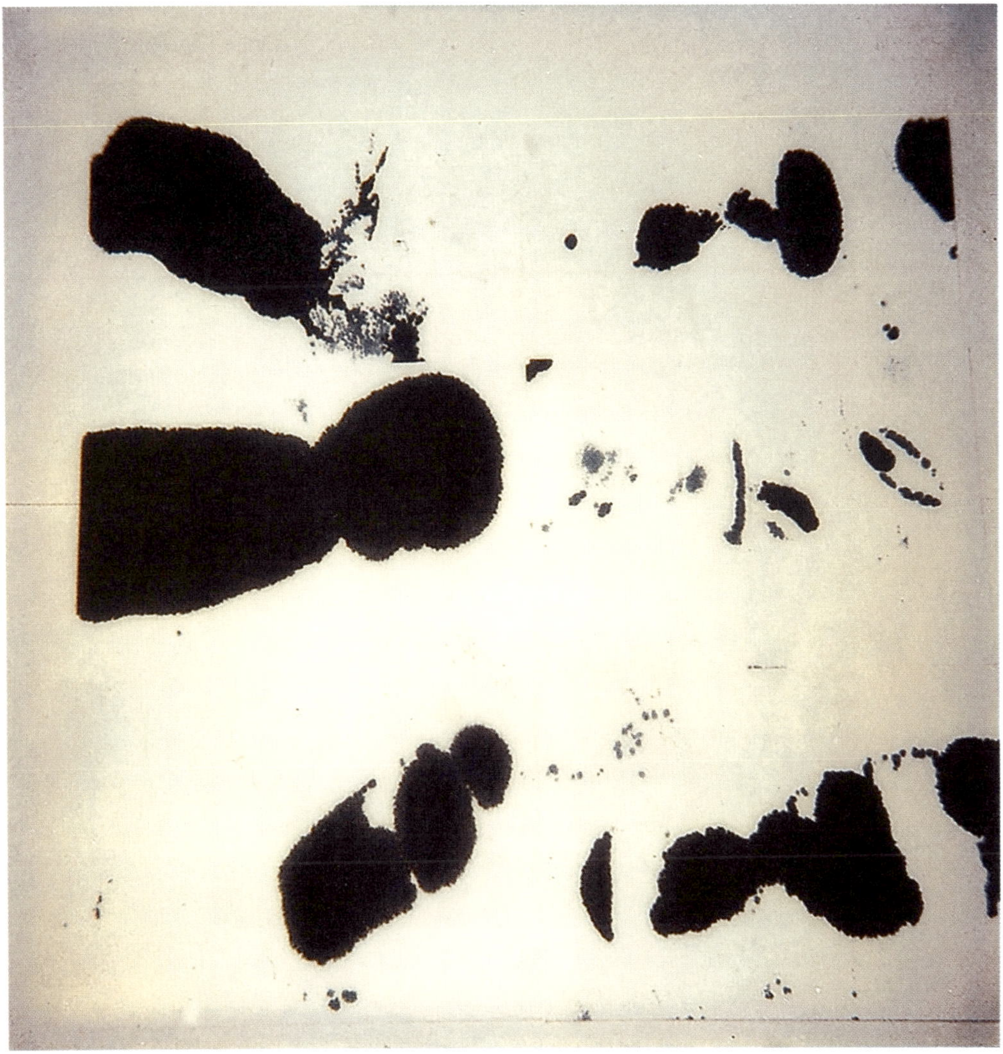

Christoph Rütimann, Flecken die rein nichts bezwecken, 1984/1985, Cibachrome ab Polaroid, gerahmt, 83,5 x 78,5 cm, Auflage 5

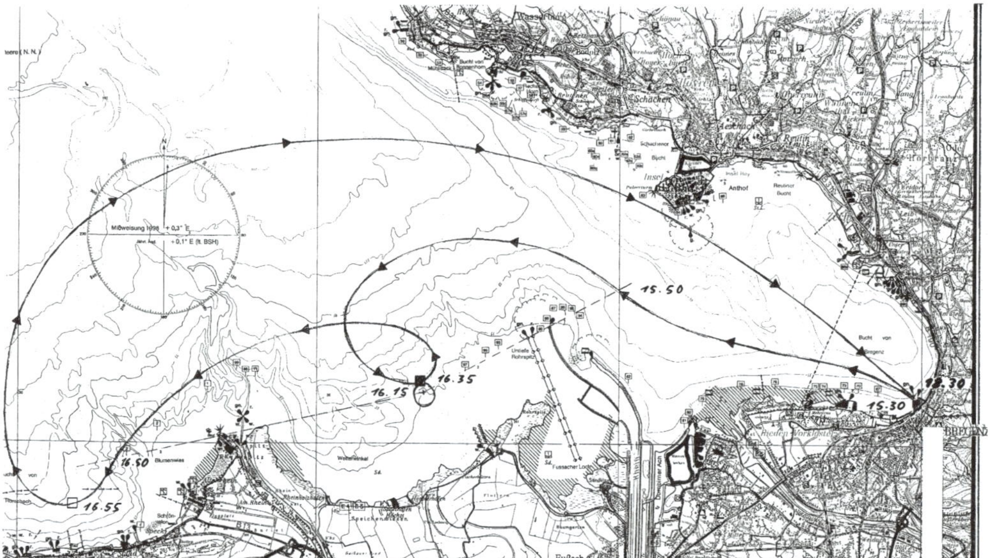
15.50
16.35
16.15
16.50
16.55
15.30
Mißweisung 1998 + 0,3° E
+ 0,1° E (lt. BSH)
Schachen
Anthof
Reutiner Bucht
Bucht von Bregenz
Unliefe Rohrspitz
Fussacher Loch
Wetterwinkel
Blumenwies
Speichenmäden
Fußach
Lauterach
BREGENZ
Seemeilen
Kilometer

Christoph Rütimann, mir stehen die Haare zu Berge und das Wasser bis zum Hals, 2000, Performance im Dreiländereck A/CH/D auf dem Bodensee, Pfahl mit ausfahrbarem Podest, Schiff „Austria“, Rundfahrt von Bregenz, Dauer 15:30 bis 18:30 Uhr, Videoinstallation, 3 Monitore mit Loop-Videosequenzen, ausfahrbares Podest. Besitz: Kunstmuseum St. Gallen

Walter Neumann
3 Gedichte, ferner Freunde gedenkend

## Naturschutz

Für Agnes Hüfner (1938 - 2013)
Redakteurin Deutsche Volkszeitung

Es sind noch Lebewesen aus der Gattung
der Gotteskinder in Freiheit.
Ihre Haupteigenschaft ist die Fähigkeit
Wärme abzugeben ohne Verlust.
Wer ihnen nahekommt, wird verwandelt zum Besseren
für lange Zeit.

Diese Lebewesen sind fast ausgestorben.
Und Gotteskinder heißen sie auch nicht
nach der Heiligen Schrift,
sondern nach der gleichfalls ausgestorbenen
Östlichen Sprache, die sagen konnte:
du Gotteskind, du gesegnetes,
und meinte:
ein guter Mensch (was aber dasselbe ist).

Die so beschriebene Gattung ist zu schützen.
Wer sie antastet, straft sich selbst.
Wer jedoch beiträgt zu ihrer Erhaltung und
Vermehrung,
der soll belohnt werden mit

einem Grad höherer Bewußtseinstemperatur,
einem Kilopond größerer Entspannung,
dazu mit vielem, das unsichtbar bleibt,
weil es nach innen geht und von dort aus lebt.

Die ausgestorbene Sprache
hatte auch dafür einfache Namen.

# Normandie

Für Paul Celan (1920 - 1970)
Jüdisch-deutscher Dichter

Jetzt, da die Nekrologe schweigen,
Vergessen herabfällt, ein Abendtau,
will ich reden zu dir
von den klaren Tagen der Normandie.

Ging auch der Tod nachts
über die Bohlen im Takt deiner Schritte,
floh er doch fort
mit der steigenden Sonne, wurde
punktklein, einem Vogel am Himmel gleich.

Und Licht kam herauf, viel
Licht, Lachen
übertönte der Unterirdischen
Grollen:

*Auch hier ist Osten!*

Dein Wort hielt zusammen
das Floß, im Hafen,
gebaut am Fuße des Nußbaums.

Das Floß war aus Worten. Es fuhr uns,
bestreut mit dem rötlichen Nußlaub der Dämmerung,
mit nächtlichem Weißgold,
in die kyrillischen Weiten, bis nach Odessa.

Vom Nachbargehöft schrie plötzlich der Tod,
er hatte sich
verkleidet in den zerschossenen Kopf eines Bauern.

Aber der Tage Helligkeit
widerstand ihm. Buchstaben blühten
von morgens bis spät
im klaren, normannischen Luftstrom.

Davon wollen wir reden, wenn deine Stimme
aufersteht in meinem Gedächtnis.
Sagen wollen wir:
Es hat, wer nach der Finsternis griff,
nicht im Dunkeln gelebt.

# Maulwurfsland

Für Günter Eich (1907 - 1972)
Deutscher Dichter

Gehst du nun unter der Erdkruste
weiter den langsamen
grabenden Weg?

Oder willst du nur
Frieden
vom endgültig stillen
Maulwurfsland?

Wie dem auch sei,
ob du als Asche, als Staub
oder chemische Lösung
zurück zu den Elementen kehrst –

Welträtsel finden sich überall,
aus der Schlafperspektive sieht manches
ruhiger und einfacher aus.

Ob dich das Wort noch erreicht, der Gruß
auf der Reise, für die unsere Alten
ihren Erlösten Speise mitgaben und Schmuck
und Waffen –

du bist gewaffnet mit Worten, dir kann
nichts geschehen. Es begleitet dich auch
unser irdisches Lieben, man nennt es Gedenken jetzt.
Der Wechsel hört niemals auf.

Fabian Karrer, Ohne Titel, 2018

# Zensur? Repression? Mainstream – Diktat?

## Beunruhigende Vorgänge im Kultur-und Pressebetrieb unserer Region

Neben dem Theater St. Gallen ist das Stadttheater Konstanz das zweite wichtige Theater in der Region. Und offenbar zur Zeit eines der interessantesten in Deutschland. Intendant Christof Nix hat es in den vergangenen Jahren geschafft, das Theater zur Stadt hin, für ein urbanes Publikum zu öffnen, das den Spielplan mit einer Mischung aus Klassikern, modernem, oft politischem und Jugendtheater samt den moderaten Preisen goutiert. Welche Stadt mit knapp über 80.000 Einwohnern und einem Sparbudget von 8,2 Millionen Euro kann 100.000 Eintritte pro Jahr vorweisen? Und noch etwas hat er geschafft: die Mindestgage von dürftigen 1.600 auf
2.000 Euro zu erhöhen, ein Präzedenzfall, der nun auch vom Deutschen Bühnenverein übernommen wird (zum Vergleich: Am Schauspielhaus Zürich beträgt die Mindestgage 4.100 Franken).

Den Abschluss seiner Intendanz, die 2020 endet, wollte Nix mit zwei Grossanlässen begehen: den baden-württembergischen Theatertagen, die die Stadt gerne in ihren Mauern gesehen hätte, und dem Projekt „Atlantis“: Theater rund um den See und auch auf navigierbarem Untersatz. Da er sich beides unter Zeitdruck nicht zutraute, bat er um eine Verlängerung seines Vertrags. Man stellte ihm in Gesprächen mit dem

Kulturbürgermeister den Kompromiss einer halbjährigen Weiterbeschäftigung in Aussicht. Als es Ende Februar zum Schwur kam, lehnten Verwaltung und Gemeinderat in nicht öffentlicher Sitzung den Kompromiss ab. Zensur? Nein. Repression sehr wohl. Die Stadtverwaltung wird einen für das Theater segensreichen, für die Politik lästigen, weil unbequemen Theaterchef los, der sich den Mund nie verbieten liess.

Nächstes Thema. Die Monopolzeitung auf der deutschen Seeseite, der Konstanzer Südkurier, ignoriert das Projekt der literarischen Jahresschrift Mauerläufer auch in seinem fünften Jahr. Ein Kulturredakteur äusserte schon vor Jahren sinngemäss, so etwas bräuchte man hier nicht. Die Leser und Käufer/innen unseres Vogels, der einen Einblick in das literarische Schaffen der Gegenwart in den drei Staaten um den See gibt, sind da wohl anderer Meinung, ebenso wie die übrigen Medien nicht nur am See. Sonst gäbe es unser Projekt wohl nicht mehr. Zensur? Keinesfalls. Repression? Auch nicht. Aber Ignoranz. Vielleicht zu schwer verdaulich, zu weit weg vom Mainstream für die Kulturredaktion. Die Zeitung erfüllt damit schlicht ihren Kulturauftrag nicht, der darin besteht, die Leser/innen über das, was in der Region vor sich geht, zu informieren.

Letztes Beispiel. Im Herbst 2017 habe ich einen, wie ich fand, eher harmlosen, vor allem beschreibenden Artikel über Flüchtlinge und Flüchtlingsarbeit in der Ostschweiz geschrieben. Für mich völlig unverständlich wurde er in der Thurgauer Zeitung im November derart zerpflückt und zusammengestrichen, dass er sich las wie eine Adventsgeschichte über die kleinen Negerlein. Kein kritisches Wort mehr zu den Behörden oder der unseligen Entwicklungs- und Handelspolitik des Westens (nicht nur) in Afrika. Ein klarer Fall von Zensur. In der neuen Ausgabe des Mauerläufer, die dem Thema WortMachtWort auf der Spur ist, kann man den Text integral nachlesen.

Aber es kommt noch schöner. Das linke St. Galler Kulturmagazin Saiten weigerte sich, den Text abzudrucken. Der Blick auf die Flüchtlinge sei ein postkolonialer und kapitalistischer. „Wenn es um Rhythmus ginge statt um Grammatik, wären sie (die Flüchtlinge) uns weit überlegen“: Und reproduziert damit auch noch den eigenen postkolonialen Blick. Zensur von den Gutmenschen, ach du heiliger Bimbam, die hat uns gerade noch gefehlt. Allesamt sind dies beunruhigende Signale in einer Zeit pseudoliberalen Mainstreams, der, so scheint es, nur von der Rechten bekämpft wird. **Jochen Kelter**

# Unbefristet

Sie haben ein Machtwort gesprochen. Er soll abgeschoben werden. Zohrab Mahascher kam 2012 nach dreijähriger Flucht von Afghanistan nach Deutschland. „Wenn ich in Deutschland geboren worden wäre, hätte mein Leben mit Sicherheit ganz anders ausgesehen." Er spricht gut Deutsch, er kann auch den Konjunktiv. Sechs Jahre lebte er in Ravensburg, nun in Meckenbeuren, er hat eine Arbeit und seit dem 1. Dezember 2017 eine eigene Wohnung. Er liegt niemandem auf der Tasche, er fällt keinem zur Last, längst zahlt er Sozialabgaben und Steuern. Als er kam, fehlten ihm die Vorderzähne, sie sind ihm in Afghanistan ausgeschlagen worden. Trotzdem wurde seinem Asylgesuch nicht stattgegeben. Ablehnung des Asylgesuchs, Ablehnung des Widerspruchs, Ablehnung des Härtefallantrags, Nichtberücksichtigung aller Gründe, ihm ein Bleiberecht zu gewähren. Die Mächtigen haben ein Machtwort gesprochen und dieses Machtwort heißt: Abschiebung. So bitte ich um Gnade für Zohrab Mahascher. Seid freundlich zu ihm, dessen Nachname der Freundliche bedeutet. Lasst ab von Verallgemeinerungen und betrachtet den Einzelfall, den Fall von Zohrab Mahascher. Berücksichtigt die Vorgeschichte, wenn ihr über ihn urteilt. Er kommt aus einem Dorf in der Nähe von Masar-e-Scharif, dessen Bewohner viele Jahre unter den Gewaltexzessen der Taliban gelitten haben. Sie überfielen das Dorf, die Eltern waren gewarnt worden, sie versteckten sich mit den Kindern in den Bergen. Als sie wiederkamen, waren die Nachbarn tot. Auch Zohrab musste das Blut der getöteten Nachbarn aufwischen, er war damals noch ein Kind. Die Taliban ließen sich im Dorf nieder und führten die wahabitische Justiz ein, am Mittwoch wurden Hände abgeschlagen, am Freitag gesteinigt und enthauptet. Wenn Hände abgeschlagen wurden, mussten die Schüler in der ersten Reihe stehen. Zohrab hat als Achtjähriger eine Hand aufheben und in einen Baum hängen müssen. Als er mir davon erzählte, krümmte er den Mittelfinger, und ich sah, wie er die Hand an den Ast gehängt hat. Er hat Schlimmes mitgemacht, aber es war offenbar nicht schlimm genug. Er ist zusammengeschlagen worden, er hat Zähne verloren, er war Zeuge von Anschlägen, Zeuge von Gewalt gegen Männer, Frauen und Kinder, Zeuge von Vergewaltigungen. Seine Gewalterfahrungen werden in der Ablehnung seines Asylantrags bagatellisiert oder angezweifelt, die Gefahrenlage in Afghanistan verharmlost und heruntergespielt durch die Auflistung einer Fülle von Urteilen und Statistiken. Aber jeder Fall ist ein Einzelfall und jeder Fall liegt anders. Was ist gewonnen, wenn Zohrab Mahascher abgeschoben wird? Nichts. Er ist bescheiden, er hat sich nichts zuschulden kommen lassen, er arbeitet, er steht auf eigenen Füßen. In Afghanistan ist sein Leben in Gefahr. Jeder Bundesbürger, jede Bundesbürgerin wird vom Auswärtigen Amt dringend gewarnt, nach Afghanistan zu fahren, aufgrund der unsicheren politischen und wirtschaftlichen Lage, aufgrund der Taliban, die immer noch Anschläge verüben. Warum also mit zweierlei Maß messen? Deutschland ist ein Rechtsstaat, Symbol ist die Justitia, deren Augen verbunden sind – sie wägt die vorgetragenen Gründe ab, unabhängig von der Person, die vor ihr sitzt. Diesem Anspruch sollte das BAMF gerecht werden, sollte das Innenministerium von Baden-Württemberg gerecht werden, das den Härtefallantrag nun abgelehnt hat. Meine Bitte: Lasst ab von Machtworten, prüft den Einzelfall Zohrab Mahascher und bringt ihn – wegen politischer Grundsatzentscheidungen – nicht zu Fall. Befragt nach dem schönsten deutschen Wort, sagte er: „Unbefristet." Wenn er einen Wunsch frei hätte, würde er sich eine unbefristete Aufenthaltsgenehmigung wünschen. Katrin Seglitz

Foto: Katrin Seglitz

**Berlin**
Roland Albrecht
Nataly Hocke
Matthias Reinhold
Simone Ruess
Mona Ullrich

Sonja Röder
**Bonn**

Carmen Kotarski
Sylvia von Keyserling
Wolfgang Haenle
Jutta Weber-Bock
Peter Schlack
**Stuttgart**

**Würzburg**
Helga Rüdiger

**Bad Boll**
Marlies Birkle

**Horb**
Walle Sayer

**Kerker**
Sana Zsac

Nina & Walter
Neumann
**Aystetten**

**Ulm**
Michael Günzer

**Augsburg**
Max Sessner

**Kalamazou/USA**
Peter Blickle

Hundefaenger krd
**Sigmaringen**

Eva Hocke
**Bad Saulgau**

Fabienne Pakleppa
SAID
**München**

Antonius Conte
**Messkirch**

**Freiburg**
Anne Müllerschön

Christa Ludwig
**Hohenfels**

Christine Koch
**Kleinschönach**

Fabian Karrer
**Rückholz**

Volker Sieber
Hanspeter Wieland
**Überlingen**

Patrik Knothe
**bei Singen**

Dersim Ahmed
Katrin Seglitz
**Ravensburg**

**Kisslegg**
Jürgen Weing

Bruno Epple
**Öhningen**

**Schaffhausen**
Alfred Wüger
Niels Zubler

**Gottlieben**
Jochen Kelter

**Konstanz**
Peter Salomon
Chris Inken Soppa
Sebastian Winterberg

**Maierhöfen**
Stefanie Kemper

**Opfenbach**
Hippe Habasch

**Berg**
Conrad Steiner

**Müllheim**
Zsuzsanna Gahse
Christoph Rütimann
Severin Schwendener

Stephan Alfare
Jimmy Brainless
Maximilian Lang
**Wien**

**Hohenems**
Monika Helfer

**Winterthur**
Irène Bourquin

**St. Gallen**
Ivo Ledergerber

**Wiener Neustadt**
Wolfgang Bleier

Stefan Keller
Heribert Kuhn
Christoph Elias Meier
**Zürich**

Dersim Ahmed, geboren 1983 in Derbessie, Syrien. Medizinstudium in der Türkei, er lebt seit September 2015 in Deutschland.

Roland Albrecht, *1950 in Memmingen, dort aufgewachsen und weggezogen. Lebt in Berlin und öfters in Bad Grönenbach (Allgäu). Künstler, Schriftsteller und ähnliches. Ausgebildet in verschiedenen sich widersprechenden Berufen. Seit 1997 Gründer und Betreiber des „Museum der Unerhörten Dinge". www.museumderunerhoertendinge.de

Stephan Alfare, geb. 1966 in Bregenz, lebt in Wien. Veröffentlichungen u.a.: *Karl Heinz Zizala hat Krebs*, Roman (edition selene 2001); *Das Schafferhaus*, Roman (Luftschacht 2006); *Meilengewinner*, Roman (Luftschacht 2008); *Der dritte Bettenturm*, Roman (Luftschacht 2011); *Terrain*, Roman (Luftschacht 2014).

Marlies Birkle, geboren 1954 in Leutkirch, im Allgäu aufgewachsen, lebt und arbeitet in Bad Boll. Germanistik-, Politik- und Pädagogikstudium in Tübingen, gelernte Journalistin, Kulturredakteurin, Lehrerin und Lerntherapeutin; Stipendium der Kunststiftung BW, drei Arbeitsstipendien des Förderkreises Deutscher Schriftsteller; Veröffentlichungen von Lyrik und Prosa in Anthologien und Zeitschriften.

Wolfgang Bleier, 1965 geboren in Dornbirn, aufgewachsen in Klaus im Rheintal, Vorarlberg. Studium der Germanistik und Ethnologie, lebt seit 2016 in Wiener Neustadt, arbeitet als Buchhändler. Publikationen: *Fischfang bei aufgehender Sonne*, Klever Verlag, 2015; *Die Arbeitskräfte*, Klever Verlag, 2011; *Verzettelung*, Otto Müller Verlag, 2007; *Der Buchmacher*, Otto Müller Verlag, 2005

Peter Blickle, geb. 1961, wuchs im oberschwäbischen Wilhelmsdorf auf, studierte Medizin, Altsprachen und Germanistik und ist Professor für deutschsprachige Literatur und Gender and Women's Studies an der Western Michigan University in Kalamazoo/USA. Mitherausgeber des fünfbändigen Gesamtwerkes von Maria Beig. Preisträger beim Irseer Pegasus. Im Herbst 2014 erschien sein dritter Roman *Die Grammatik der Männer*.

Irène Bourquin, geb. 1950 in Zürich, lebt in Elsau. Studium der Geschichte und Germanistik in Zürich. Schreibt Lyrik, Prosa, Theaterstücke, Hörspiele, Chansontexte. Das Hörspiel *Der Wolfsziegel* wurde 2005 von Deutschlandradio Kultur produziert. Neueste Bücher: *Der Fuchs ist ein Symboltier*, Erzählung, Waldgut Verlag 2014. *Schaukelnd im grünen Atem des Meeres*, Gedichte, Waldgut Verlag 2016. Herbst 2018 erscheint *Im Bauch des Hauses* - Neue Prosa, Waldgut Verlag. www.irene-bourquin.ch

Jimmy Brainless, wohnt in Wien. Er ist Sänger & Gitarrist der Band Gurkenalarm, die 2015 in Taiwan tourte und bereits zwei CDs veröffentlichte. Tritt seit 2016 auch solo auf und schreibt Texte für die Öffentlichkeit. Tourte 2017 mit Elias Hirschl in Asien, unter anderem Auftritte in China, Taiwan und auf den Philippinen, dabei entstand auch ein Reisetagebuch auf thegap.

Antonius Conte, geb. 1954 in Wädenswil/Schweiz. Zeichnerlehre. Ausbildung in Kunstgeschichte, visuelle Kommunikation, klassische Musik. 1974-77 autodidaktische Prozesse. 1976-83 tätig in der Schweiz, Italien, Amerika, Deutschland als Briefträger, Hilfskrankenpfleger, Holzfäller, Maler, Lackierer, Gipser, Fensterputzer, Kellner, Dekorations- und Schriftenmaler, Bauplaner. 1983-98: Berlin, 1991-94 Leiter der Galerie T&A Berlin Mitte, (1994-96 Heilpraktikerausbildung. 1996 Gründung der Firma NaturKraftWerke). Seit 2002 in Messkirch-Schnerkingen. www.antonius-conte.com www.naturkraftwerke.de

Bruno Epple, geboren 1931 in Rielasingen im Hegau. Lebt, malt und schreibt heute in Wangen auf der Höri. Ausgezeichnet mit dem Bodensee-Literaturpreis der Stadt Überlingen. Zahlreiche Ausstellungen seiner Malkunst, weltweit. Mehrere Buchveröffentlichungen, zuletzt mit großem Erfolg bei Klöpfer und Meyer: *Vor allem der See. Erinnerte Kindheit* (2009), *Erntedankfest. Ein Lesebuch* (2011), *Blatt um Blatt - Gedichte eines Malers* (2016), *Für Bruno Epple. Eine Freundesgabe*, hrsg. von Michael Koch (2016).

Zsuzsanna Gahse, österreichisch-deutsch-schweizerische Schriftstellerin, geb. 1946 in Budapest, lebt in Müllheim (Schweiz). Ihre literarische Arbeit liegt zwischen Prosa und Lyrik, zwischen erzählerischen, essayistischen und szenischen Texten. Zuletzt: „Siebenundsiebzig Geschwister", Edition Korrespondenzen, Wien, 2017. Auszeichnungen 2017: *Italo-Svevo-Preis, Werner-Bergengruen-Preis.*

Michael Günzer, geboren 1982 in Ulm, 2005-2010 Akademie der Bildenden Künste Karlsruhe bei John Bock, 2010-2011 Meisterschüler bei John Bock, lebt und arbeitet in Ulm.

Hippe Habasch, geboren 1948 im Spessart. Lebt und schreibt im Westallgäu

Wolfgang Haenle, geboren 1945 in Altötting, lebt in Stuttgart. Neueste Veröffentlichung: drei Gedichte in: Zweijahresbuch der politischen Lyrik, edition bodoni, Neuruppin. Nominierung für den Polly Preis (politische Lyrik) Wolfgang Haenle, b.antwortet, Gedichte, Schweikert-Bonn Verlag,Stuttgart 2015, Wolfgang Haenle, eine hand voll du, Liebesgedichte, Schweikert-Bonn Verlag, Stuttgart 2011, Dozent Lyrikworkshop Liebfrauenberg "Liebesgedichte"

Monika Helfer, 1947 in Au / Bregenzerwald geboren, lebt als Schriftstellerin mit ihrer Familie in Vorarlberg. Sie hat Romane, Erzählungen und Kinderbücher veröffentlicht, zuletzt „Die Bar im Freien – Aus der Unwahrscheinlichkeit der Welt" (2012) und „Schau mich an, wenn ich mit dir rede!" (2017). Gemeinsam mit Ehemann Michael Köhlmeier veröffentlichte sie 2010 „Rosie und der Urgroßvater". Für ihre Arbeiten wurde sie unter anderem mit dem Robert-Musil-Stipendium (1996) und dem Östereichischen Würdigungspreis für Literatur (1997) ausgezeichnet.

Eva Hocke, geboren 1966 in Kassel. Lehre als Schilder- und Lichtreklameherstellerin. Studium an der Akademie der Bildenden Künste Stuttgart bei Prof. Pospischil. Diplom: Helikopter – Eine Literaturzeitschrift. Ausgezeichnet vom ADC. GrafikStudio MüllerHocke in Bad Saulgau zusammen ihrem Mann Frank Müller. www.muellerhocke.de www.evahocke.de

Nataly Hocke, geboren 1971 in Kassel. Studium der Bildenden Kunst an der Hochschule der Künste Berlin und am Chelsea College of Art & Design London, Meisterschülerin von Rebecca Horn, Stipendiatin der Karl Hofer Gesellschaft, Sammlungen: MARTa Museum Herford, Thessaloniki Museum of Photography, lebt und arbeitet in Berlin. www.natalyhocke.

hundefaenger krd, am 5. juni 1954 in bad kreuznach geboren. ausbildung zum großhandelskaufmann und umschulung zum tischler, künstlerischer autodidakt, seit 1982 teilnahme an verschiedenen ausstellungen, seit 1986 freischaffender künstler, gründungsmitglied der künstlergruppe „blaue sonne - g.o.d.o.t", mitherausgeber der künstlerzeitung „artischocke", seit 1989 konzentration auf land-art und performance, ausstellungen, teilnahme an internationalen symposien und artist-in-residence-aufenthalten in verschiedenen ländern (japan, süd-korea, indien, australien, usa, gus, deutschland, schweden usw.), lebt und arbeitet in sigmaringen. www.hundefaenger.de de

Fabian Karrer, geb. 1993, studierte Mediendesign an der DHBW Ravensburg und bei MüllerHocke GrafikDesign. Aktuell ist er selbstständig und bei der designgruppe koop im Allgäu tätig. Dort beschäftigt er sich mit Themen wie Inklusives Design, Vielfalt und Nachhaltigkeit. Fabian arbeitet an einer Vielzahl selbstinitiierter Projekte – wie das >Onebookaweek-Projekt< – bei dem über den Zeitraum eines Jahres jede Woche ein kleines Buch entstand. fabiankarrer.de

Stefan Keller, geb. 1958, aufgewachsen im Thurgau. Lebt als Journalist und Historiker in Zürich. Autor und Herausgeber zahlreicher Bücher, weltweit Resonanz hatte seine historische Reportage über den Polizeihauptmann und Flüchtlingsretter Paul Grüninger in St. Gallen. Zuletzt erschienen: *Bildlegenden. 66 wahre Geschichten* im Rotpunktverlag in Zürich 2016.

Jochen Kelter, geb. 1946. Lebt als Lyriker, Erzähler und Essayist im schweizerischen Ermatingen am Bodensee. Letzte Buchveröffentlichungen: *Die Möwen von Sultanahmet* (Gedichte, 2015), *Dagodine u Sarajevu / Nächstes Jahr in Sarajevo* (Gedichte, Serbokroatisch und Deutsch, 2015), *Wie eine Feder übern Himmel* (Gedichte, 2017), *Jetzt mache ich einen Satz* (Essay, 2017)

Stefanie Kemper, lebt im Allgäu. Einzeltitel u.a.: „Manchmal sprang eine Kugel" (2002), Erzählungen und Gedichte; „Orte – Lyrische Impressionen aus allen Himmelsrichtungen" (2011), Gedichte; „raps geht im wind" (2011, zusammen mit Johanna Hoffmeister), Gedichte und Bilder. Vertonungen ihrer Gedichte durch René Giessen, zuletzt „An Gerhart Hauptmann" als Liederzyklus, Uraufführung 2015.

Sylvia von Keyserling, geb. 1951 in Innsbruck/Tir., freie Schriftstellerin, lebt in Stuttgart. Mehrere Auszeichnungen. Veröffentlichung von Gedichtbänden, Kinderbüchern und Funkerzählungen sowie Theaterstücken, zuletzt erschienen (2015): ROSENSTEIN – Hommage an ein Stuttgarter Kulturdenkmal. Einundzwanzig Gedichte und ein Epilog. Mit Fotografien von Wolfgang Rüter. www.sylviavonkeyserling.net

Patrik Knothe, geboren 1987 in Singen am Hohentwiel, lebt in Ehingen im Hegau. Mitglied des Konstanzer Künstlerzirkels „Eule" sowie der Meersburger Autorenrunde. Beiträge für das literarische Jahresheft „Mauerläufer" und die alemannische Muttersprach-Gesellschaft. Veröffentlichung von Gedichten in diversen Anthologien. 2014 erschien sein erster Roman „Der gefesselte Dionysos". 2015 folgte „Schwarzweiß – oder eine Geschichte über den Tod", 2017 „Psychodelica".

Christine Koch ist geboren in Irsee/Allgäu – Holzbildhauerlehre, Studium Bildende Kunst an der Hochschule der Künste Berlin, Meisterschülerin - Preise/Stipendien, Ausstellungen und Arbeitsaufenthalte u.a. in Italien, Japan, Frankreich, Großbritannien, USA – sie bildhauert, schreibt, zeichnet, installiert und schafft künstlerisch-pädagogisch ... für sich und andere. www.christinekoch.de

Carmen Kotarski, geboren in Mannheim, lebt in Stuttgart. - Autorin von Lyrik, und auch Prosaformen. Verschiedentlich literarisch-journalistische Beiträge. Buchveröffentlichungen u.a. „ich war eine insgeheime Person". Stipendiatin der Kunststiftung Baden Württemberg. Thaddäus-Troll-Preis für den Gedichtzyklus „Spanisches ABC". 2. Preis Irseer Pegasus für das Langgedicht "Wedding Blues".

Heribert Kuhn, geb. 1953 in Altötting. Studium der Germanistik, Geschichte und Philosophie in München und Göttingen. Promotion über Robert Musils frühe Novellen *Vereinigungen*. Literaturstipendiat der Stadt München 1991. Mitherausgeber der Suhrkamp BasisBibliothek und Mitarbeiter des Schulbuchverlags Brinkmann & Meyhöfer. Lebt und arbeitet in München und Zürich.

Maximilian Lang, 1986 in Bregenz. Studium der Komparatistik in Wien. Lebt seit 2012 als freier Autor und Texter in Bregenz, seit 2018 in Wien. In Bregenz wurden seine Dramen *Herbst und Winter* (2006), *Das Reich der Mitte* (2013) und *The Parzival Company* (2016) uraufgeführt. Juli 2018: Uraufführung *Last Exit: Hunnenland* bei den Nibelungenfestspielen in Worms. Vertretung der Stücke: Drei Masken Verlag, München.

Ivo Ledergerber, *1939, Studien in Mailand, Innsbruck: Theologie, in Konstanz: Literatur- und Erziehungswissenschaft. Bis 1999 Mittelschullehrer, seither freischaffender Lyriker und Verleger in St. Gallen, Kulturvermittler, Mitglied AdS (Autorinnen und Autoren der Schweiz). Seit den 1990er Jahren Zusammenarbeit mit verschiedenen gestaltenden Künstlern mit Text-Performances in deren Ausstellungen. Drei grosse Oratorien mit Francisco Obieta. Tanzstück *Rote Schuhe* (Nicole Meier) Texte und Schauspiel.

Christa Ludwig, geb. 1949, lebt seit 1989 als freie Schriftstellerin in Hohenfels bei Stockach, zahlreiche Veröffentlichungen im Kinder- und Jugendbuch, außerdem Hörspiel *Pendelblut*, NDR (Hörspiel des Monats), aktuell der Roman *MassenHaft* (Massentierhaltung), im Herbst 2018 erscheint der Roman *Ein Bündel Wegerich* (Else Lasker-Schüler in Jerusalem) www.christaludwig.netå

Christoph Elias Meier, geb. 1973, arbeitet in Zürich als Autor, Künstler und Vater. www.schreibservice.ch ist eine Schreib- und Denkwerkstatt. Kernthemen sind Vermittlung, Wertschöpfung, Kultur & Lebensmittel. C.E.Meier ist auch ein Teil der *Wrongbrothers INC*. Sozialplastische Ideen werden hier mit kulinarischen Taktiken verwebt. 2016 führten die Wrongbrothers das Manifesta Parallel Event „ISS HOPE / Galley & Host Lab" in Zürich durch.

Anne Müllerschön, geb. 1976 in Stuttgart, Studium der Anglistik und Germanistik in Tübingen und Exeter/GB, 1999 Preisträgerin Lyrikwettbewerb Baden-Württemberg. Lebt in Freiburg. Veröffentlichungen in Literaturzeitschriften und Anthologien.

Nina Neumann, *1946 in Jandoby/Russland, Hochschulstudium. Seit 1996 in Deutschland. Lebt in Aystetten /Bayern. Arbeitsgebiete: Gedicht, Erzählung. Auszeichnungen u.a.: 2. Preis der Esslinger *Künstlergilde* (2006). Mitglied der *Meersburger Autorenrunde*. Veröffentlichungen: *Im Brunnen der Erinnerung*, Lyrik+Prosa (2002), *Föhn*, Gedichte (2008). *Momentaufnahmen*, Gedichte (2013) Beiträge in zahlreichen Anthologien, u.a. *Landmarken. Seezeichen*, 2001, *Aber es gab noch einen anderen Fisch*, 2012.

Walter Neumann, geb. 1926 in Riga. Dipl.-Bibliothekar. Seit 1989 freier Schriftsteller. 1981 Andreas-Gryphius-Förderpreis, 1989 Eichendorff-Literaturpreis. Mitglied des PEN-Club. Gründete 1992 die *Meersburger Autorenrunde*. Veröffentlichungen (Auswahl). Prosa: *Eine Handbreit über den Wogen*. Baltische Geschichten. 1999. Gedichte: *Der Flug der Möwen*. 1996. *Helle Tage*. 1997. *Die Bewegung der Erde*. 2001. *Die Ankunft des Frühlings*. 2004. *In den Gedächtnisfächern*. 2006. *In Worten graben*. 2013.

Fabienne Pakleppa, hat einige Romane veröffentlicht, einige Kulturpreise erhalten, sich einige Jahre mit Haiku beschäftigt und schreibt zurzeit an ihrem Familienroman „Rosalie will es so!“

Sonja Röder, 1964; Autorin, Journalistin, Lektorin, Korrektorin, Buchhändlerin. Jedenfalls nie tatenlos: Der Grund dafür hat einen Namen, Joscha, hinreißende Teilzeitautistin von Welt, was sonst. Zurzeit Gründung eines Inklusionsunternehmens mit Behinderten und für Behinderte: INklusionstattOUTismus.jimdo.com. Haben Sie Bücher, die sie zum Verkauf spendieren wollen, nur her damit: roederso@aol.com

Helga Rüdiger, (Pseudonym Johanna Plähn) geb. 1939, aufgewachsen in Lindau. Die heimatliche Mundart wurde ein Zufluchtsort. Gedichte und Geschichten erschienen in Anthologien: „weleweg selleweg“, Harass-Heften, Edition Signathur, „Kumm mir gond um d´ Insel“, in „Alemannisch dunkt üs guet“, im Jahrbuch des Landkreises Lindau 1995, 1. Preis bei der “Lahrer Murre“ für „Huimet, Huimweh“

Matthias Reinhold wurde 1978 in Regglisweiler/Alb-Donau-Kreis geboren, studierte von 1998 bis 2004 an der Kunstakademie Stuttgart bei Wolfgang Gäfgen und Alexander Roob, wohnte dann in China, Warschau, Paris, Venedig, Ulm, Langenargen und Berlin, wo er heute mit Partnerin und zwei Söhnen lebt. Seit 2015 bringt er angehenden Architekten an der ETH Zürich das Zeichnen näher. Sein Bildernetzwerk ikonolog entspinnt sich in Ausstellungen, Heften und im Internet.

Christoph Rütimann, 1955 in Zürich geboren, im bündnerischen Schiers aufgewachsen. Von 1976–1980 Schule für Gestaltung, Luzern. Von Luzern zieht er 1999 mit seiner Frau, der Schriftstellerin Zsuzsanna Gahse, nach Müllheim (Kanton Thurgau). Seit 1981 regelmäßige Ausstelllungen und Performances im In- und Ausland. 1993 vertritt er die Schweiz an der 45. Biennale di Venezia. Zuletzt: Einzelausstellung im Kunstmuseum Solothurn 2016, im Kunsthaus Zug 2012, im Kunstmuseum Bonn 2008, im Kunstmuseum St. Gallen 2007 und im Kunstmuseums des Kanton Thurgau 2007/8. Zudem gehören seine Performances zu seinen Schwerpunkten. Vertreten wird Christoph Rütimann von den Galerien Mai 36, Zürich, und von Skopia art contemporain, Genf. Preise und Auszeichnungen, zuletzt: 2004 Internationaler Kunstpreis des Landes Vorarlberg; 2007 Kunst- und Kulturpreis der Stadt Luzern; 2012 Straubenzeller Kulturpreis St. Gallen; 2014 Zuger Kulturstiftung Landis & Gyr, Werksemester London.

SAID wurde geboren und kam 1965 nach münchen. nach dem sturz des schah 1979 betrat er zum ersten mal wieder iranischen boden, sah aber unter dem regime der mullahs keine möglichkeit zu einem neuanfang in seiner heimat. seither lebt er wieder im deutschen exil. letzte auszeichnung: 2016, friedrich-rückert-preis. letzte veröfffentlichung: auf der suche nach dem licht(gedichte)2016 1said@gmx.net www.said.at

Peter Salomon, geb. 1947 in Berlin, lebt seit 1972 als Schriftsteller in Konstanz. 20 Jahre war er auch Rechtsanwalt. Er ist Mitglied im deutschen PEN und erhielt 2016 den Bodensee-Literaturpreis. Zuletzt erschien von ihm: *Nichts ist so schwer wie Papier*. Gedichte, 2016. Und über ihn: *Peter Salomon. Porträts, Lesarten und Materialien zu seinem literarischen Werk*, hrsg. v. Klaus Isele, 2014.

Walle Sayer, (Walter-Hermann Sayer), Jahrgang 1960, lebt in Horb. Schreibt Gedichte und Prosa. Zuletzt erschien: *Was in die Streichholzschachtel paßte*, Feinarbeiten, 2016; *Strohhalm, Stützbalken*, Gedichte, 2013. Verschiedene Auszeichnungen, zuletzt: Basler Lyrikpreis, 2017.

Peter Schlack ist 1943 in Stuttgart geboren und lebt dort. Lehre als Lithograph. Studium der Sozialarbeit. Er schreibt und veröffentlicht seit über 40 Jahren Gedichte und Kurzprosa in schwäbischer Mundart. Zuletzt „Ond ällas scho so lang her“ (Buch mit CD). Als bildender Künstler stellt er seine Arbeiten im süddeutschen Raum, Finnland und Norwegen aus.

Severin Schwendener (1983) widmet sich seit seinem Studium in der Freizeit dem Schreiben. Mittlerweile sind von ihm zwei Jugendromane ("Stilles Gift"; "Leise Angst") sowie drei Krimis für Erwachsene erschienen ("Falsche Freunde", "Schein & Heilig", "Schach & Matt"). "Schach & Matt" wurde mit dem Zürcher Krimipreis 2013 ausgezeichnet. Anfang 2018 erscheint die Fortsetzung "Schatten & Spiel".

Katrin Seglitz, geb. 1960 in München, Studium der Germanistik, Philosophie und Kunstgeschichte in München, Paris und Tübingen. Magisterarbeit: *Widerstand gegen die Entzauberung der Welt. Sagen von Anna Seghers*. 1989 veröffentlichte sie ihre erste Erzählung, 2009 erschien ihr erster Roman: *Der Bienenkönig*. Teilnahme am interdisziplinären Künstleraustausch Salem2Salem. Sie leitet Text- und Schreibwerkstätten.

Max Sessner, 1959 in Fürth/Bay. geboren. Lebt in Augsburg. 2012 *Warum gerade heute*, Gedichte, Literaturverlag Drosch, Graz/Wien 2015 *Langsame Männer*, Gedichte, Stadtlichter Presse, Wenzendorf

Volker Sieber, geboren in der Oberlausitz, lebt in Görlitz und in Überlingen. Physikstudium, Coach-Ausbildung. Autor und Photo-Designer. Veröffentlichungen in Literaturzeitschriften und Anthologien. Mehrere Preise, unter anderem bei einem philosophischen Text-Wettbewerb des Magazins ZEIT Wissen (DIE ZEIT). Gehört zur Meersburger Autorenrunde.

Chris Inken Soppa lebt in Konstanz. Autorin dreier Romane und eines Kinderbuchs. Jurypreis des Münchner Kurzgeschichtenwettbewerbs. Zuletzt erschien ihre deutsche Übersetzung von „Der Felsengarten. Stimmen der Aran-Inseln" des irischen Autors Leo Daly. Mehr Info unter: http://www.literaturport.de/Chris-Inken.Soppa/

Conrad Steiner, geboren 1957 in Schaffhausen, lebt in Berg/Thurgau. Ausbildung an der Schule für Gestaltung, Zürich und Kunstakademie Wien. Einzelausstellungen im Kunstmuseum des Kanton Thurgau („Schweberäume", 1993) und im Museum zu Allerheiligen, Schaffhausen („Vor und nach dem Tag", 2011). Mehrere Förderpreise und Stipendien.

Mona Ullrich, wurde 1957 in Waldshut-Tiengen geboren. Sie studierte in Tübingen und Berlin Soziologie und Germanistik. Sie schreibt seit ihrer Kindheit, seit 1985 ernsthaft und für die „Großen", Romane und Gedichte, die vielfach in Anthologien und Zeitschriften veröffentlicht worden sind, z. B. in Versnetze. 2016 erschien ihr Gedichtband „Kleine Gaben für Freihäupter" bei der Edition Thaleia. 2017/18 erscheint ihr Roman „Gegenmacht" beim Verlag Schwarzer Drachen.

Jutta Weber-Bock, geb. 1957 in Melle/Osnabrück, Studium Philosophie und Germanistik, freie Schriftstellerin, lebt seit 1983 in ihrer Wahlheimat Stuttgart. Mitglied im VS und in der Gedok. Veröffentlichungen (Auswahl): Wir vom Jahrgang 1957 - Kindheit und Jugend, 9. Auflage 2017; Prosagedichte, in: Anthologie zum Feldkircher Lyrikpreis 2017; Autobiographisches Schreiben, Handbuch für Schreibende und Kursleitende, 2006; www.weber-bock.de

Jürgen Weing, lebt in Kißlegg im Allgäu. Studium in Stuttgart. Seit 1989 Veröffentlichungen, Lesungen, Ausstellungen und NameArt. Typisch für seine zeichnerischen Arbeiten ist die Reduktion, typisch für seine literarischen Arbeiten das Spiel mit Klängen und Sprachgrenzen. Mehrmaliger Teilnehmer des interdisziplinären Künstleraustauschs Salem2Salem, Salem Bodenseekreis und Salem, New York. www.juergenweing.de

Hanspeter Wieland, geb. 1948 in Radolfzell am Bodensee, lebt nach Jahren in Immenstaad heute in Überlingen. Viele Jahre als Industriearbeiter in Friedrichshafen und Markdorf. Autor und Herausgeber. Zahlreiche Beiträge zu Dialekt und Region.

Sebastian Winterberg, geboren 1979, aufgewachsen in Norddeutschland, nach einigen Zwischenstationen seit geraumer Zeit am Bodensee. Veröffentlichungen in Wort_ Zone 3.0 2016, Ticketliteratur poolbar Festival 2016, Mauerläufer 2017. Installation „Bodenseeland" Kunst Nacht Niederburg 2016 in Konstanz. 2017 bei Amazon erschienenes Buch „Bodenseeland. Ein Log- und Lock-Buch für Leute von nah und fern".

Alfred Wüger, geboren 1957 in Steckborn im Kanton Thurgau. Redakteur bei den «Schaffhauser Nachrichten», Mitglied der Flurnamenkommission des Kantons Schaffhauen. Verfasser von Prosa und Lyrik. Verheiratet. Zwei Kinder.

Sana Zsac,
Botschafterin für Worte
ohne Erlaubnis
Sitzt womöglich
in deinem Kerker

Niels Zubler, geb. 1958, lebt in Schaffhausen, verdient sein Einkommen als Logopäde und Lehrer. Veröffentlichungen in der Literaturzeitschrift 'orte' und der Poesieagenda des gleichnamigen Verlags.

Mauerläufer Literarisches Jahresheft / Edition Mauerläufer
ISSN 2199-2665
ISBN 978-3-9819985-0-4
www.mauerlaeufer.org

Mauerläufer ist hervorgegangen aus einer Initiative von AutorInnen rund um den Bodensee. Mauerläufer ist ein Basisprojekt, die Redaktion arbeitet ehrenamtlich. Sie ist nicht nur i.S.d.P. verantwortlich für den Inhalt.

Herausgeber/Redaktion Hippe Habasch, Eva Hocke, Jochen Kelter, Christa Ludwig, Katrin Seglitz, Hanspeter Wieland

Gestaltung/Bildrecherche Eva Hocke
Bildbearbeitung Franz Gangl
Druck Druckerei Marquart

Anschrift der Redaktion Katrin Seglitz, Federburgstraße 94, 88214 Ravensburg, katrin.seglitz@gmail.com
Für unaufgefordert eingesandte Manuskripte wird keine Haftung übernommen.

Bankverbindung Deutschland Hanspeter Wieland, Sparkasse Bodensee
KTO 249 740 65 BLZ 690 500 01 IBAN DE 31 690 500 01 00 249 740 65
Bankverbindung Schweiz Jochen Kelter, Raiffeisenbank Tägerwilen,
IBAN CH 94 8141 2000 0082 5676 5

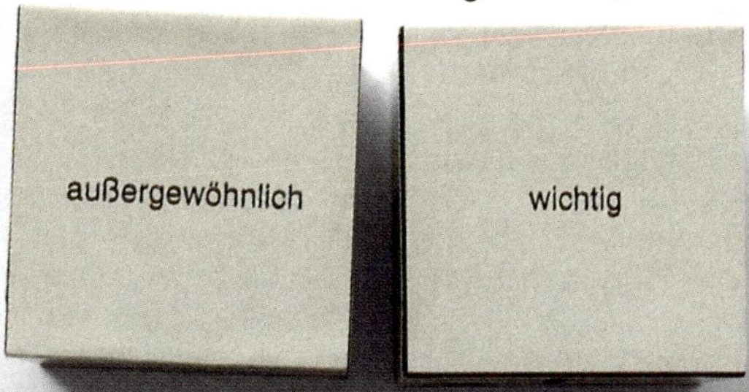


Erscheinungsweise jährlich
Preis 14 EUR / 14 CHF

Bezugsmöglichkeiten
über gute Buchhandlungen:
www.mauerlaeufer.org
Abonnement
bestellung@mauerlaeufer.org,
www.mauerlaeufer.org

Verbreitungsgebiet Die Regionen vom Allgäu bis zum Hegau, Oberschwaben und dem deutschen Bodenseeufer, den Kantonen Schaffhausen, Thurgau und St. Gallen sowie Vorarlberg

Titelfoto Christoph Rütimann, Tell me, 2004, Foto: Christoph Hirtler



Ohne die vielfältige Unterstützung würde es den Mauerläufer nicht geben. Wir danken allen Schriftsteller*Innen und Künstler*Innen für ihre Beiträge! Wir danken für die großzügige Förderung

Zweckverband
Oberschwäbische Elektrizitätswerke